魂の友と行く

# 大人可愛いCAMINO

YUKA

# 聖地サンティアゴ巡礼とは？

キリスト教の聖地を目指して歩く聖地巡礼の旅、カミーノ。
ヨーロッパ中に張り巡らされた巡礼路の中から、私たちが歩いたのは『ポルトガルの道』
10kg のバックパックに必要最低限の荷物を入れ
黄色い矢印に沿って、中世の教会や修道院を訪ねながら聖地を目指し進む道。
そこには、自分と静かに向き合う神聖な時間が待っていた。

バックパックには
必要最低限の荷物を入れて

緑に豊かなガリシアの
森の中を歩く静寂の時間

ホタテは巡礼のシンボル！

カトリックの神聖な道を歩く旅

中世の荘厳な教会を訪ねながら

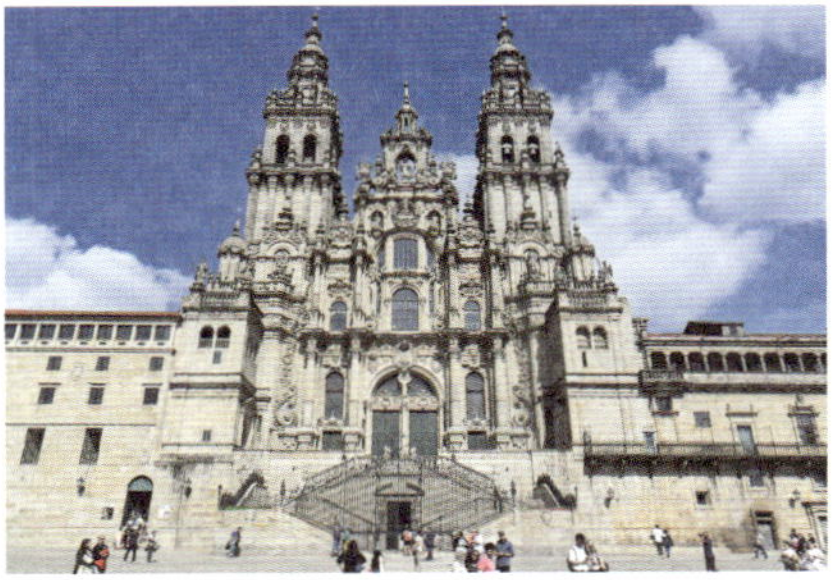

圧倒的パワーのサンティアゴ・デ・コンポステーラ

頼るのは黄色い矢印と自分の心

巡礼の最後は
カテドラルの
ボタフメイロの儀式

©Fundación Catedral de Santiago

荘厳なサンティアゴ・デ・
コンポステーラ大聖堂

カテドラルのバロックオルガン

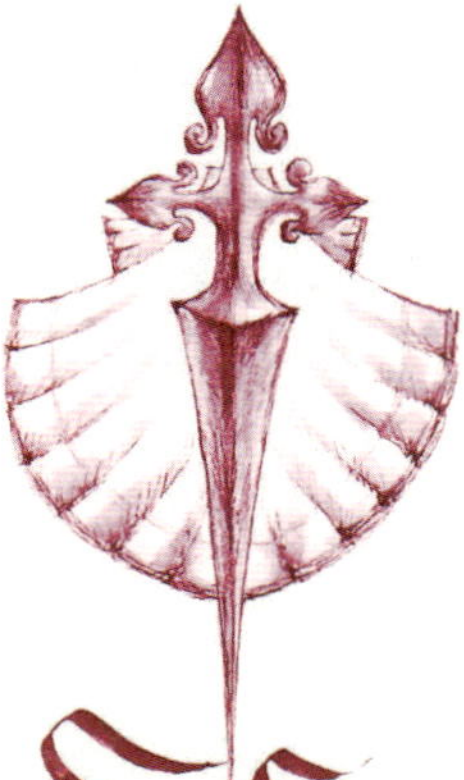

# Camino de Santiago de compostela the Portugués Way

# Camino Portugués

# Variante Espiritual

スピリチュアルの道のサイン！

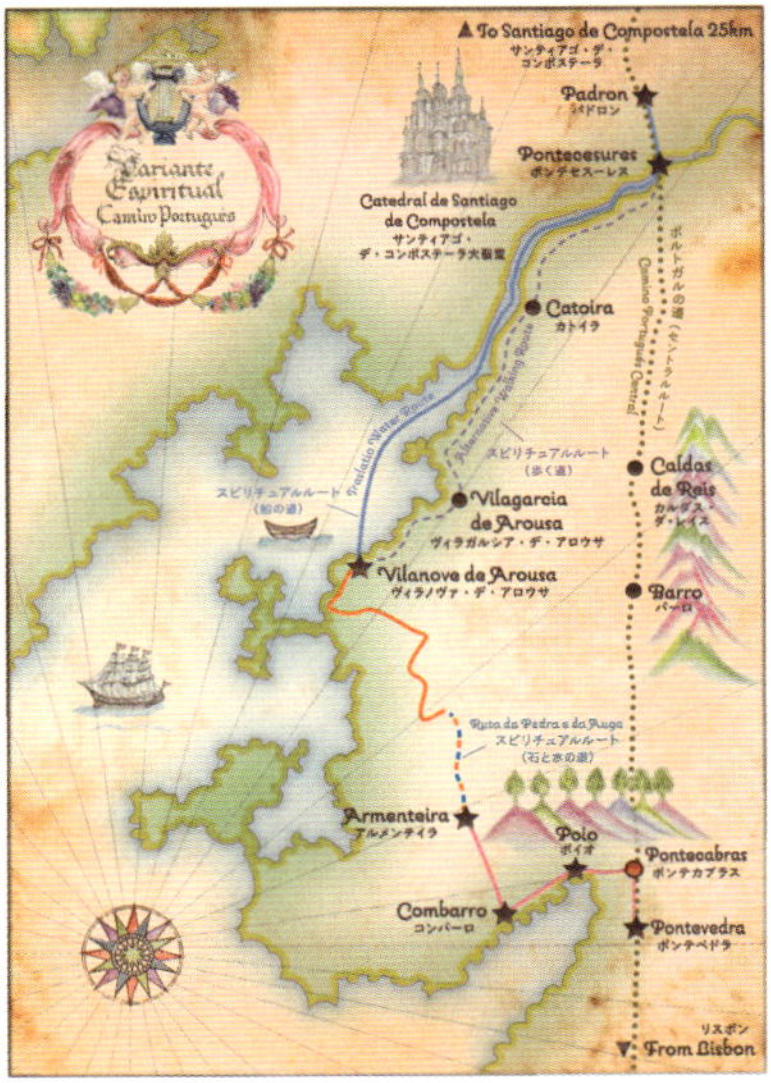

# CONTENTS

## Chapter6 Camino Portugués
## 涙のゴール



## Chapter7
## 新しい人生へのスタート



## Epilogue

# Prologue

40代最後の誕生日を迎える数ヶ月前のこと、一生の記念になるような、なにか特別な一年にしたいなぁ。と、自分の中でふつふつと湧き上がってくるパワフルなエネルギーを感じていた。

自分に正直に、大切な時間と愛を、本当に大切なモノに使いたい。やりたいことを後回しにしてる場合じゃない。他人の目なんて気にしている場合じゃない。今まで以上にやりたいことにチャレンジするんだ！と、50代という新しい世界に突入する前の、特別な自分への宣言でもあり、誓いのような……。なにか大きな力に後押しされているような不思議な感覚があった。

そんなある日、突然、私の人生に降りてきたキセキの言葉、”カミーノ“。

これまで世界中の色々な国を旅してきたけれど、カミーノという言葉は、この時初めて耳にした。実は、この言葉を聞いた瞬間、内側からあふれるようなワクワク感につつまれているのを感じていた。そこからはあれよあれよという間に、不思議な導きで誕生日翌月には、カミーノへと旅立っていた。

カミーノとは、中世から続くキリスト教の聖地を目指す巡礼の旅。スピリットとつながる"魂の道""生まれ変わりの道"ともいわれている。

そこには、信じられないほど美しい景色の中、目の前の瞬間をハートで感じ、自分の心に寄りそう静かな時間。人生にとって本当に大切なものはなに?出会う人や出来事から、たくさんのメッセージやギフトを受けとりながら、関わる人やもの、思考、環境etc…。自分と身の回りを丁寧に整理し、ひとつひとつ手放していく、壮大な心の旅が待っていた。

この本では私の体験したカミーノと合わせて、旅の相方でもある「魂の友」かすみんが旅したもうひとつのカミーノもコラムとして登場!不思議なご縁で引き寄せられた、人生後半へと差し掛かった大人女子?!の私たち。これからの人生をどんな風に過ごしていくのか?本当に大切なものはなに?自分と向き合い、ハートの声に従って歩いた260㎞の巡礼の旅。感動を共有しながら、泣いて、笑って、ふたりで旅した、奇跡のカミーノ珍道中をお楽しみください。

『道という意味のカミーノは銀河の真下に横たわり、宇宙にある星々から流れる強力なエネルギーを反映しているレイ・ラインに沿っているといわれている。人々がこの高い波動に触れると魂の記憶などが明確になり啓示が起こりやすく今まで抑圧されていた意識的な気づきや情報が表面に現れてくるのだ』

by Shirley Maclaine

美しい景色を眺めながら歩くカミーノ！森の中も小さな村もどこを歩いていても癒される時間

# Chapter 1
# カミーノへの導き

Portugués Way
Camino de Santiago de Compostela

## カミーノへ呼ばれた日

カミーノを歩くほとんどの人が『ずっと夢だったカミーノについに来れた！』そういっていた。しかし、私のカミーノは少し違っていた。突然のインスピレーションからこの旅が始まったのだ。

翌年に、人生の大きな節目となる誕生日を迎えることもあり、ちょうどこれからの人生をどう生きていくかを真剣に考えている時期だった。40代ラストの1年、なにか一生の記念になる感動的なことをしたい、と考えていた。そうだ！これまでの人生をふり返りながら、大好きなひとり旅をしよう!何度か訪れているポルトガル&スペインに3か月ほど滞在し、本場のファドやフラメンコを楽しみながら、ヨーロッパを周遊するのもいいな。そう考え、日常を離れて自分時間を思い切り楽しむ旅をすることにした。混雑するゴールデンウィークを避け、気候の良い4月末に出発を決め航空券を取った。

久しぶりに訪れるポルトガルの情報を調べている時、ユーチューブで「聖地巡礼」というワードが目に飛び込んできた。なぜだかわからないけれど妙にワクワクする。ハートが反応しているのが自分でもはっきりとわかるほどワクワクしたのを覚えている。聖地巡礼ってなんだろう?さらに調べてみると、まさに、これから旅しようとしているポルトガルからスペインにかけて巡礼のルートがあるという。バックパックに必要最低限の荷物をつめ、毎日20㎞以上の道を徒歩で数週間かけて歩く巡礼の旅。それも観光地を歩くのではなく、スペインやポルトガルの美しい森の中や田舎の村を歩く巡礼路。面白そう!大好きな教会を訪れながら旅ができる!スペインの聖地を目指し世界中から旅人たちがやってくる!修道院に泊まってミサに参加したり、自分を見つめる旅ができるだなんて。もう、これだけで最高にワクワクすること満載の旅だ。ステキ!行ってみたい!チャレンジしてみたい!

アウトドアは苦手なのに、なぜか「私もこの道を歩いてみたい!」。ハートの奥底から熱い想いがあふれてきた。ふり返ると、これが私の中のワクワクセンサーが発動した瞬間だった。カミーノへの突然の招待チケットはこうして私の元にやってきたのだ。

## 宇宙からのサポート

その日から数日、頭から離れない「聖地巡礼」というワード。そういえば……。知り合いが度々巡礼の旅に出ていると話をしていたなぁ……。ふとそんなことを思い出した。当時は全く気にもとめていなかったけれど、今、「聖地巡礼」という言葉が私のハートの大部分を占めている。早速、連絡を取ることにした。

知人はフランスの道を毎年少しずつ歩くことをライフワークにしていて、一度に歩くのではなく、少しずつゴールを目指し歩いているそうだ。足にできるマメを潰すために針が必須だとか、巡礼宿ではイビキに悩まされながら寝ること、朝食が最高に美味しいジットの話、夜はみんなでテーブルを囲んで食事をしたり自己紹介をするとか、知人は50代後半だけど、日本人は若く見えるからいじられて可愛がられたエピソードなど、たくさん教えてもらった。クレデンシャルという巡礼パスポートやバックパックなど持ち物も見せてもらった。そのどれもが私の中のワクワクを最大限に引き上げてくれた。「カミーノは人生の中での重要な出来事のひとつになる」とも。

すぐにでも行きたくなったけれど、同時にいくつかの不安も襲ってきた。とくに心配だったのは、睡眠のこと。私は普段、家族とですら一緒に寝ることができず、寝室を別にしている。それは旅の際も同じで、少し高くついても別の部屋を取っているくらいだ。そんな私にとって、大勢で寝るアルベルゲは苦痛どころか、おそらく眠れないだろう。この問題は、個室のある宿泊施設に泊まることで解決できるとわかった。

しかし、他にも心配が残っていた。出発まで2か月を切っているのに、運動の苦手な私が、数百㎞という長距離をひとりで歩けるのだろうか。それも海外の山道なんて、道に迷ったらどうしよう、途中で歩けなくなったら?森の中で変質者が出てきて襲われたらどうしよう……。今考えると笑えるような不安ばかりに覆われていた。

友人は「カミーノは女性ひとりで歩いている人も多いし、巡礼路は安全だから心配いらないよ。」と励ましてくれたけれど、心の中の不安は消えなかった。だからといって「行くのをやめよう」とは思わなかったけれど。どうしたらこの不安を乗り越えていけるだろう。一日中カミーノのことが頭から離れなかった。

なにかにチャレンジしようとすると、必ず不安が襲ってくる。その不安に押しつぶされそうになるのを避けて、安全で居心地のいい場所に留まることもできる。でも、そうしていたら自分の世界はずっと小さいまま。それどころか世界はますます細く狭くなっていく。私は、常に拡大していたい！　不安の壁を打ち破ってでも前に進んでいきたい！

そう思っていた。

すると、不思議なことに、自分の意思とは関係なく、「聖地巡礼」に向け、着々と道が用意されていくのだった。予想もしなかったシンクロが次々と起こり、スルスルと様々なことが決まっていく。まるで、大きな流れの中でただ身を任せているような感覚だった。

いつも思うことだけれど、こういう時、宇宙からのサポートが最大限に入る。宇宙が「ＹＥＳ！　そのまま進むのだ！」そう応援してくれているみたいに。私がハートからの夢をキャッチした瞬間から、ベストなタイミングでご縁やサインがやってくる。ひらめきが次々とおりてくる。不思議だけれど、これは本当の話。こうしたサインはいつも目の前にあるけれど、それに気づくかどうかは自分次第なのだ。

SPIRIT MESSAGE

この世界は奇跡にあふれている♡ただそれに気づくだけ♡

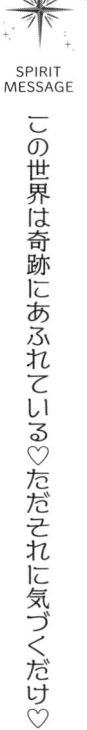

## 星からの不思議な導き

ひとりで山道を歩く不安は大きいけれど、だからといってツアーでみんなと一緒に歩くのだけは絶対に避けたい。そこで、現地のガイドさんを見つけて、ふたりで歩くならいいんじゃない？とアイデアが浮かんできた。すぐに現地のガイドを見つけ、翌日には連絡を取った。スペインと日本でオンラインで話をさせてもらった。だけど、なんだろう、話していてもなんだかパッとしない。相手がどうこうという問題ではなく、話していても心がときめかなかったのだ。

私は人と話すとき、"心のトキメキ"をとても大切にしている。ハートにトキメキがない会話には全くもって愛を感じないし、心が開かない。それは、ただ言葉を並べているだけのロボットと同じ。要するに、ハートが繋がっていないのだ。それに、ハートのセンサーがピン！ときていないと、後々うまくいかないこともわかっている。だから、このガイドさんと一緒に歩くことはないなと思った。さてどうしよう？ふりだしに戻ってしまった。

ただ、この時、ガイドさんの声や話し方がなんだかとても懐かしい感じがした。なんだろう？この感覚。どこかで会ったことがあるような……。そんな気がしてならなかった。そうだ！あの声！話し方！バルセロナに住んでいる友達のかすみんにそっくりなんだ。だから懐かしく感じたのか。と、ふと思い出したかすみんに久しぶりに連絡を取ってみることにした。

## 自分の制限に気づく出来事

「私、もうすぐ40代最後の誕生日を迎えるんだけど、記念にスペインとポルトガルのカミーノを歩こうと思っているんだ。昨日、現地のガイドさんと話したんだけど、話し方や声がかすみんにそっくりで、急にかすみんのこと思い出したから連絡してみたよ。ひとりで歩くのはちょっと不安だから一緒に行ける人を探しているの」

するると、驚きの返事が返ってきた。「ＹＵＫＡちゃんと一緒にカミーノ歩けたら嬉しい！ワクワクする未来！楽しみ！」え？？？一緒にカミーノを歩く？旦那さんや家族はどうするの？驚きすぎて目が点になった。知り合いのガイドさんを紹介してもらえたらいいなぐらいの感覚で相談するつもりが、まさか、かすみんが一緒に歩くよ！だなんて。そんな返事が来るとは1ミリも思っていなかった。

なぜって、彼女には小さな子供たちがいるから。9歳、6歳、4歳の可愛い姉妹のママなのだ。母親の彼女が3人の子供たちを置いて数週間も家をあけるなんて、どう考えても無理だと思っていた。カミーノを歩いている間、子供達のお世話はどうするの？そんなの絶対不可能だと"私が""勝手に"思っていた。

こんなところにも、この世界を楽しむことに「制限」や「思い込み」を自分で作っていることに気づかされた。小さな子供が3人いるから絶対無理だなんて、誰が決めたの？常識という枠に縛られた私の勝手な思い込み、ガチガチに固まった制限だった。時間がない、お金がない、タイミングがない、チャンスがない、年齢が、仕事が、家族が、旦那が、子供がいるから……。

なにかチャレンジをしようとすると必ず出てくるいろんな制限や思い込み。こんなにもハートから「やりたい！」と感じていることに向けて進んでいるのに、目の前に差し出されることに「ＮＯ」なんてなにもない。自分のやりたいって思う気持ちは、全て宇宙から差し出されている道しるべなのだから。心に閃いた無限の可能性やチャンスには「ＹＥＳ！」で進めていけばいいだけのことなのだ。私ったら、また自分で制限をかけて小さな世界に自分を閉じ込めようとしていた。いかんいかん、もっと両手を大きく広げて拡大していくのだ。かすみんからの返事は、そんなことを思い出すきっかけになった。

カミーノは、行くと決めた時から心の旅が始まるといわれている。さまざまな気づきを通して心の旅をするのだとか。そして、人生に奇跡を起こしてくれるともいわれている。私も、こうして自分で作っていた制限に気づくことになった。

SPIRIT MESSAGE

心に浮かんだことはただＹｅｓ！で進めていけば良い♡

## 遠い過去からの約束事

『カミーノで起こることは必然』そういわれている。今回、かすみんと歩くことになったのも、遠い過去からこの日が訪れることが決まっていたのではないかと思うほど、あっという間の流れだった。きっと過去のどこかで、私たちは約束をしていたのかもしれないね。まるで奇跡のように、いろんな出来事がベストなタイミングで私たちの目の前に差し出される。時を経て、私たち、なにか不思議な力に引き寄せられたんだね。「聖地巡礼」というワードを目にしてから、ここまで3日の出来事だった。

後で聞いたところによると、彼女は10年ほど前にカミーノを知り、いつか歩いてみたいとずっと夢見ていたそうだ。スペインに移住した際には、日本からわざわざカミーノのガイドブックを一冊持ってきていたというのだから驚きだ。「いつか人生の中で巡礼を歩きたい」というかすみんの夢と、「巡礼に行ける人を探している」という私の夢。平行線で進んでいたふたりの人生のパズルがカチッとはまった瞬間だった。

## 巡礼の旅に向けて

お互いに初めての巡礼で、なにもかもが未知の世界。持ち物やルート、体力について不安ばかりだった。慌ただしく準備を進める中、たくさんあるルートについては、かすみんがバルセロナに住んでいることもあって、スペインのサリア辺りで合流して歩こうと最初は考えた。それがいちばんスムーズだからだ。でも、なぜか私たちが惹かれたのは、スペインではなく〝ポルトガルの道〟だったのだ。それもポルトガルの王道、セントラルルートではなく、スピリチュアルルートというマニアックな道だった。するっと意見が一致したことも、後からふり返ると不思議な流れだった。こうして私たちは、ポルトから聖地サンティアゴ・デ・コンポステーラに向けて260㎞を歩くことになった。

スペインと日本、オンラインで旅の計画を立てる日々が続いた。私は少しでも足を鍛えようと、毎日数駅分歩くことにした。普段運動という運動をしてない私の体力では、せいぜい歩けて8㎞が限界。それでも足はクタクタに疲れ、筋肉痛になるしマメもできた。こんな状態で毎日カミーノを20㎞も歩けるのだろうか？しかも背中には10㎏の荷物を背負って。

巡礼経験者の知人から色々なアドバイスをもらい、必要な装備も揃えた。歩く巡礼旅には、靴と靴下がとても大切なこと。バックパックは軽量で、必ず実際に背負って自分の体にぴったり合うものを選ぶこと。そして女性のオシャレは置いておくこと。荷物が重いと歩くのが大変になるので、できるだけ軽く体重の3分の1に抑えることが大切だと教わった。

靴はいろいろなメーカーを試して、自分のサイズよりひとまわり大きめの25.5センチのコロンビアのトレッキングシューズを選んだ。トレッキングシューズなのに、グレーにピンクのアクセントが女性らしくて可愛い。身につけるものは、気分が上がるものがいいよね。バックパックもいくつか試して、カリマー40ℓのピンク色に決めた。荷物になるけれど、メイク道具はミニサイズで持っていくことにした。できるだけ軽くパッキングして、なんとか8kgにおさまった。まずは上出来！足りないものがあれば現地で調達すればいい。

クレデンシャルは東京のオフィスに連絡してすぐに申し込んだ。数日後、家に届いたのはステキなデザインの日本のクレデンシャルだ。これだけで旅のテンションが一気に上がった。カミーノに向け、こうして準備が整った。

BUEN CAMINO!

SPIRIT MESSAGE

魂に沿って動くと全てはうまく流れ出す。GO！♡

黄色い矢印に従って進むだけ

日本で発行してもらったクレデンシャル

## Column　魂の友が感じたもうひとつのカミーノ

カミーノを歩く運命にある人は、事前にたくさんの兆し"サイン"を受け取っている。無視できないシンクロニシティーに誘われて旅へ出るのだ。魂の友として、今回YUKAちゃんと一緒にカミーノを歩いた私も、例に漏れずあちこちから招待状を受け取っていた。

SIGN1

13年前にバルセロナ移住を決めた私に3歳からの親友から「サンティアゴ・デ・コンポステーラっていうすごい綺麗なとこがスペインにあるらしいからぜひ行ってみて！」といわれ、素直な私は本屋へ出向き、唯一その地名がタイトルについていた本「聖地サンティアゴ巡礼 世界遺産を歩く旅」を携えてスペイン・バルセロナへと旅立った。

SIGN2

バルセロナ移住後にできたスペイン人の親しい友人が毎年カミーノに出かけ、その魅力を聞き続けていた。

SIGN3

カミーノに行きたくて誰か相方を探してる、とYUKAちゃんから連絡があった。

ここまでサインが続いたらドキドキして眠れなくなる!!現実的に考えて、カミーノに行けるのはまだ小さい子供が育ってから、もっと仕事で稼げるようになってから、なんて後回しにしていた密かな夢が、こんな予期せぬ流れで目の前に引っ張り出されたら、誰だってその意味を探りたくなるだろう。

好奇心旺盛な私は、信頼できる人たちに相談してみた。移住をサポートしてくれた過去生の視える先生やチャネラーである母からは「過去生でふたりはこの道を歩いていたけど、ゴールを果たせなかった。今世でその宿題をふたりでやり直しに行くのよ」といわれた。こんなぶっ飛んだ話どう伝えよう?と一瞬考えたけれど、ハートの声に従って

ＹＵＫＡちゃんには率直に話してみたら、「だから再会したんだね！きっとお互いの魂にとって大事な旅になるね！」と否定することなくまるっと受け止めてくれた。

私はこの時じんわり感動していたんだよ。だって、私たちの魂がこうして引き合わせてくれたとはいえ、普通なら現実的に信じられないと流されてもいい話題だけど、さすが魂の相方！今世でも一緒に学び成長していくことを選んでくれたのだから！

ルートを決めるＺｏｏｍミーティングでも、サリアルートの写真とポルトガルルートの写真を見比べて、胸が熱くなり、心惹かれるのは断然ポルトガルルートの方だった。それもそのはず、私たちが過去生でも歩いたルートだったんだね。と納得！

こうして私の中でも、今、このタイミングでカミーノに行くことが必然でベストだと確信した。というより、この先の人生このカミーノをすっ飛ばしては進めない気がしていた。それくらい私の魂が強く訴えてくれていたのだ。

カミーノを歩いた直後にも、かすみんにあげたいと感じたから、と突然ドイツの友人がプレゼントとして送ってくれた本の中に「シャーリー・マクレーン著、魂の旅路」があって、想像を超えたシャーリーの体験に釘付けに……。私のカミーノ旅はまだまだ続いている……♡

アズレージョが美しいポルト大聖堂

中世の巡礼路にはホタテマーク

# Chapter 2
# 心の旅へ出発

Portugués Way
Camino de Santiago de Compostela

## 人生最後のお別れですか？

いつもひとりで海外に出かけるとき、空港まで喜んで見送りしてくれる夫。今回はいつもと少し違った。旅立ちの2週間くらい前から、なんだか日に日にご機嫌ななめになっていった。出発の1週間前なんて、この世の最後のお別れでもするの？っていうくらい、わが家にはどんよりとした重苦しい空気が流れていたのだ……。ついには母までもが「なにもこんなご時世にわざわざ行かなくても。どうして今なの？」と心配する始末だ。みんなもっと明るく送り出してよ、と心の中で思っていたが、周りの心配とは裏腹に、私の心は旅への期待でいっぱいだった。まるで、私だけ次元の違う別世界にいるような気分だった。

出発の日、空港まで送ってくれた夫は、最後の最後まで心配そうに見送ってくれた。そして、なぜか涙、涙のお別れに……。いや、これは人生最後のお別れじゃないよ？数か月家を空けるだけだからさ！なんで泣くのよ。もう、私まで泣けてくるじゃない。こういうしめっぽいお別れは苦手なのに……。真剣に悲しそうな顔をしている夫を思いっきりハグしてバイバイした。まるでドラマのワンシーンのような出発になってしまった（笑）。手を振る夫が見えなくなると、私はカミーノへのワクワク感で飛び跳ねるようにゲートへと向かった。

後で聞いたところによると、相方のかすみんも、バルセロナで同じように涙、涙のお別れになったらしい。カミーノは、普通の旅とはなにかが違うのだろうか？生まれ変わりの旅といわれているけど、今の「私」とはもう会えなくなると直感的に感じさせるのかもしれない。不思議だ。感謝の気持ちとともに、心は100％カミーノに向かっていた。

搭乗を待っている間、たまたま隣に座った年配の女性が話しかけてくれた。彼女は早くにご主人を亡くし、今はひとりで行きたい場所へ旅行を楽しんでいるとのこと。

「人生は自分のやりたいことをしなきゃダメよ。行きたいところに行けるうちに、たくさん行って、思い切り自分の人生を楽しんでね」と、思いもよらず人生の先輩からのステキなメッセージに勇気をもらい、胸がいっぱいになった。

それだけではなかった。機内で出てきたデザートのパッケージに『ＪＡＣＯＢ』と書かれていたのだ。なんてことないただのクッキーの名前と思えばそれまでだけれど、サインはこうして現れる。気づく感覚を磨いていくと、サインのかけらはいつもどんな時だって目の前にそっと散りばめられていることに気づく。

## 空港でのミラクル

私はカミーノを歩く前、数日間リスボンでひとり旅を楽しむため、少し早めにポルトガル入りするスケジュールを組んでいた。ドバイでトランジットを経て、8年ぶりのポルトガルへ向かった。リスボンの空港に着いてイミグレーションに並んでいる時だ、ふと、前に並ぶ女性のリュックに目がとまった。そこには、鮮やかなブルー地に黄色い矢印マークと〝Camino de Santiago〟の文字が入ったワッペン付いていたのだ！何百人もの世界中からの搭乗者が並んでいる中、目の前にカミーノのワッペンをつけた人がいるなんて。これを奇跡と呼ばずになんというのだろう。

思わず嬉しくなり声をかけた。彼女はアメリカからひとり旅で来ているキャリー。クシュっとした笑顔がとてもステキな女性だ。キャリーはリスボンからカミーノを歩き、サンティアゴ・デ・コンポステーラにゴールした後、2か月かけてゆっくりヨーロッパの旅を楽しむのだとか。リュックがパンパンだったので、なにが入っているのか気になった。「いつも食べているお気に入りの食材をできるだけ詰め込んできたの」。キャリーにとっては、服や美容品よりも食べ物がいちばん大事なのだそう。ゴールする頃には、きっと軽くなっているね。同じポルトガルの道を歩くけれど、スタート地点やルートも違うし会えるかどうかわからないけれど、またどこかで会えるといいな。お互い良い旅にしようねってハグして別れた。こうしてカミーノはすでに空港から始まっていた。

## 旅でハートが開く感覚

空港から街に向かう途中、車窓から見る風景は懐かしさが漂っていた。当たり前だけれど、日本とは、流れている空気やエネルギー、香りまでも全てが別世界だ。目の前にはヨーロッパの明るい色彩が広がっている。天気も良くて最高のスタートだ。家を出てから24時間以上経っているのに、興奮しているのか全く疲れを感じない。それどころか、身体中にパワーが有り余っていた。自分でも驚くほどの体力に感心した。

旧市街の中心にあるホテルにチェックインし、シャワーを浴びたら早速リスボンの街歩きへ向かった。観光名所の多いリスボンは、どこも観光客で賑わっている。古い町並みに黄色いトラムが行き交う美しい街。まずは絶対に行きたかったリスボン大聖堂へ向かうことにした。バラ窓や素晴らしい建築を眺めているだけで心が癒される。ひんやりとした空気に満たされた広い聖堂内をゆっくりと巡り、隅々まで堪能した。ここではポルトガルデザインのクレデンシャルを購入し、旅の相方かすみんの分も一緒に選んだ。喜んでくれるといいな。大聖堂の近くにある教会にも立ち寄りひとりでプチ巡礼。街歩きも満喫した。

リスボンには、心地よいテラス席のあるレストランやカフェがたくさんあり、この季節には外の空気を感じながらリラックスできて最高だ。雰囲気の良いテラス席に座り、ビールを飲みながら道ゆく人を眺めた。ここへ来れたことへの感謝の気持ちがじわじわと湧きあがってくる。

ヨーロッパの古い街並みや空気、開放感、自由、「私はこれが好き!」と心から感じる瞬間だ。そう！この感覚！当たり前の毎日なんてどこにもなくて、どの瞬間も奇跡にあふれている。。その奇跡の中で自分を輝かせるためには、内にあるハートからの喜びを思い出すことが大切なのだ。旅で、ある種の感覚が戻ってきた瞬間だった。心も身体も魂までもが、喜びと感謝で満たされていく。この感覚の時は完全にハートが開いている。日常の忙しさの中で埋もれていた感覚が蘇ったのだ。普段、自分の穏やかな意識やハートがぶれないようにするには、意識的に静かな状態に身を置き、頭の中を鎮める作業が必要になってくる。それが、旅（近場は除く）に出ると、一瞬でパカーンとハートが開くのを実感する。自分の好きなモノや土地のエネルギーを見て、触れ、肌で感じることが大切なんだと改めて思う。だから"旅"はやめられない。自分の中心に戻るのだから。

SPIRIT MESSAGE

小さなサインはいつだって目の前に♡

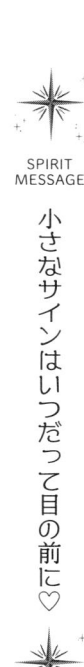

## *Column* 魂の友が感じたもうひとつのカミーノ

カミーノに行くことを決めてから出発まで、とってもワクワクしながらも、同時に謎の緊張感が続いていた。ＹＵＫＡちゃんが感じていたように、私もこのカミーノを通して生まれ変わるような感覚があって、今ここで目の前にある現実をとても愛おしく名残惜しく思うような、不思議な感覚だった。夫には大切な使命を果たしてくると伝えた。10歳に満たない3姉妹を夫ひとりに任せて2週間の旅に出るなんて、なかなか勇気がいる決断だったけど、私の心はどうしてもカミーノに行きたいと訴えていた。

自分の決断への信頼、夫への信頼、娘たちや家族への信頼が試された。いろんなパラレルワールドが存在する中で、私はどんな未来を選びたいの?と度々自分に問いかける。最悪のパターンは、家族崩壊の危機。最高のパターンは、夫が立派にワンオペを楽しみながら応援してくれること。この宇宙では、今ここにいる私の発するエネルギーが現実を創造するのだから、未来は今自分が選べる。選ぶのは、迷わず最高の未来だ！

旅の相方かすみんファミリー！最高の笑顔♡

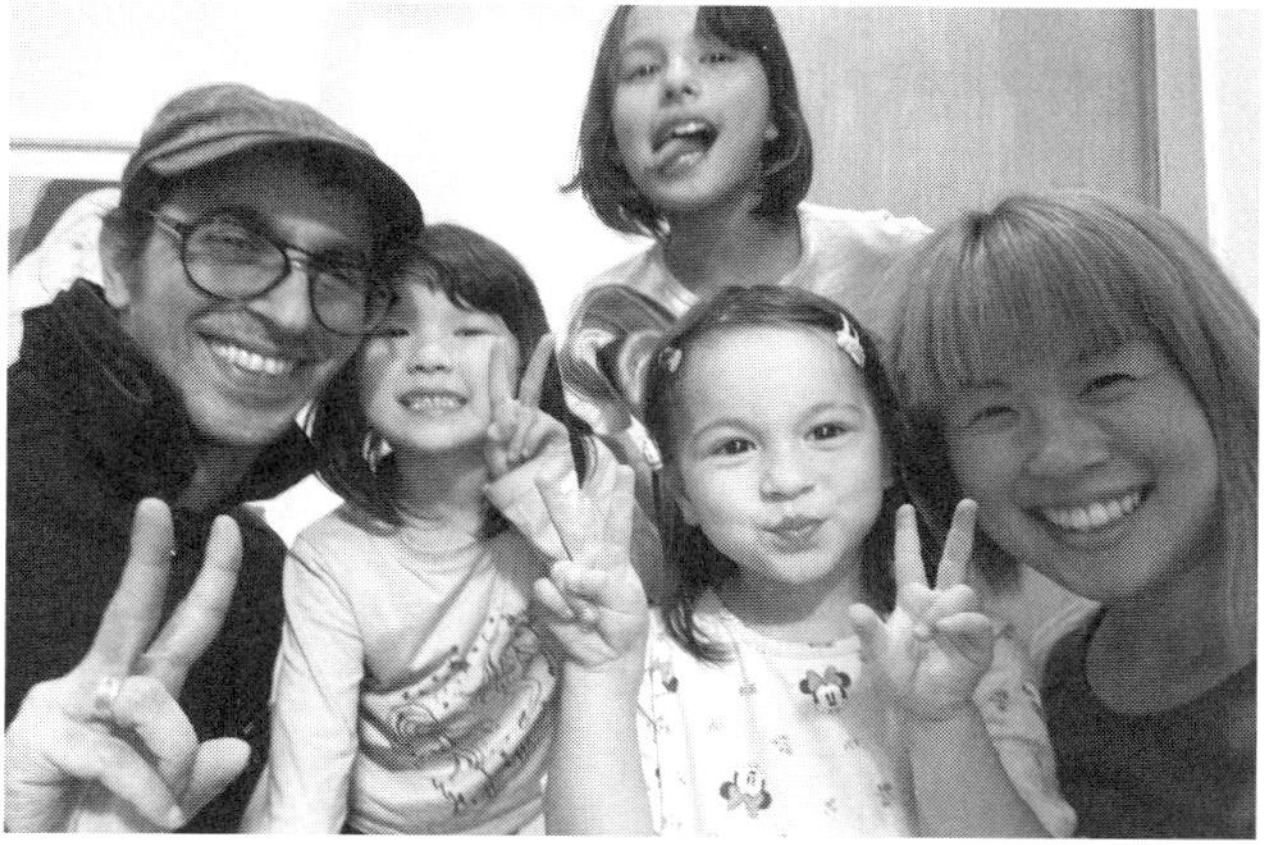

リスボン大聖堂で購入したクレデンシャル

空港からこんな奇跡に出会うとは。

# Chapter 3
## Camino Portugués
## ポルトガル

Portugués Way
Camino de Santiago de Compostela

## 宇宙からのお試し

私たちのカミーノは、ポルトガルのポルトという街からスタートする。旅の相方、かすみんとはポルトの宿で合流することになっていて、私はリスボンから電車でポルトへ向かうつもりだった。しかし、出発当日というドンピシャのタイミングでストが始まり、全ての鉄道がストップしてしまった。この日中にポルトに到着しなければ巡礼ができなくなる。スタートからいきなりお試しのような出来事が起こってしまったのだ。

「本当に巡礼をする覚悟はあるのか？」そう宇宙に試されているようだった。こういう状況では、ひとりだといつも焦ってプチパニックになるけれど、そうだ！もう巡礼は始まっている。「巡礼で起こることは全て必然」という言葉を思い出し、心を落ちつけることができた。代替手段を探し、運行しているバスを見つけて急いでバスターミナルへ向かった。ギリギリだったけれど、無事にバスに乗ることができ、しかも、トイレ付きの快適なバス。3時間の移動もこれで安心だと思っていた矢先、席に座ってさぁ出発という時に「今日はトイレが故障して使えません。途中の休憩も今日はなしで進みます」と女性運転手のアナウンス。バスの中が一瞬ざわついた。トイレにいつでもいけると思い安心していたところだったのに……。隣に乗っていた高齢のご婦人は、トイレがないと困るから休憩をとってくれと運転手に掛け合っている。しかし運転手は無視を決め込んでいた。終わった……。ここはヨーロッパ。日本と同じようには進まない。できるだけ水分を控えて、トイレのことを考えないようにしよう。

これからカミーノ！自分の機嫌は自分でとっていく。気持ちよく進めていこうと決めた。バスの窓から見える空は、雲ひとつない素晴らしい晴天。落ち着いて冷静に考えれば、鉄道が止まったからといって巡礼にいけないわけでもなく、日程をずらせばいいだけのこと。問題なんて最初からなにもなかった。外側の出来事に振り回されず、自分が落ち着いていることがいちばんなのだ。

## 5年ぶりの再会

カミーノ巡礼初日。深夜にバルセロナからかすみんが無事到着したと連絡があった。朝5時、アルベルゲのロビーで5年ぶりの再会だ。まさかこうして一緒にカミーノを歩くなんて思いもしなかった。カミーノを歩くと決めてからまだ2か月も経っていないのに、今、私はこうしてポルトガルにいる。そして、これからふたりでカミーノを歩くのだから。まるで、すでに用意されていたカミーノという映画の中に放り込まれたような不思議な気持ちになった。お互い家族を置いて、私たちふたりだけの大人可愛い巡礼の旅が始まる。

初日は、緊張と興奮であまり眠れず朝を迎えた。シャワーを浴び準備を整え、まだ暗いロビーに行くと、いた！「きゃー！久しぶり！5年ぶりだね〜！」会った瞬間、ハグをして再会の喜びをかみしめた。とはいえ、オンラインで話していたこともあり、全く久しぶりという感じはしなかった。今、ポルトガルにいることも、5年ぶりの再会も、当たり前のようにここにいることが私の世界の「今」なんだ。不思議な気持ちになる。

早速、宿の近くに美味しいパン屋さんがあると聞いて、朝食を食べにいくことにした。地元の人たちがコーヒーを飲んだり新聞を読んだりして、ポルトガルの何気ない日常が流れている。アズレージョで彩られたカウンターが可愛い。ポルトの旧市街には、こうしたアズレージョがあふれていてステキだな。ふたり並んでカウンターで朝食を楽しんだ。「アズレージョ、かわいいよね～」「美味しいね！」。地元の人に混ざって、シンプルにパンとカフェオレの朝食を楽しむだけなのに最高に美味しい！大満足の朝になった。

朝食を食べながら、かすみんから提案があった。「これからの旅に向けて、ふたりで誓いを立てない？」嬉しかった。生き方のベースが同じなんだなって。ただなんとなく旅をするのではなく、私はいつも『どんな旅にするか？』自分で誓いを立てている。ふたりとも、普段から自分のハートには忠実に生きているけれど、カミーノの間は、普段よりもっと深く静かに内観できるはず。相手に気を使って、自分の心からの気持ちがブレてしまわないようにしようね。流れに流されず、一瞬一瞬を大切に。ハートに従ってやりたいことを全部しよう！『今』本当はどうしたいのか？どの道を歩きたいのか？なにを食べたいのか？なにを感じているのか？その瞬間、自分がいちばん大切にしていること、いつもよりもっと丁寧に感じながら、自分の心に忠実にいようねって誓いを立てた。

ゴールだけを目指して歩くのではなく、『今』を大切に味わいながら、自分のハートを感じて進んでいこう。歩くときはバラバラでも、なにがあっても、たとえケンカになっても、ゴールだけは一緒に目指そう！そう誓いを立てた。同じ考え、志を持つ友と、こうしてカミーノを共に歩けるなんて、宇宙からのギフトでしかないと思った。２か月前に突然ひらめいたことが「今」こうして目の前にある。

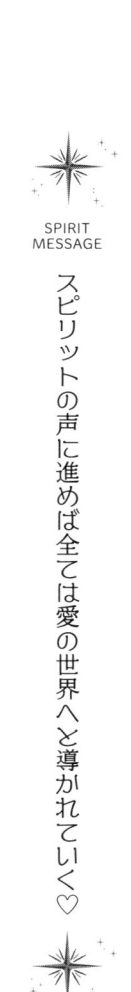

SPIRIT MESSAGE

スピリットの声に進めば全ては愛の世界へと導かれていく♡

## スマイルとミッション

巡礼中は、クレデンシャルに毎日スタンプを押していく。このスタンプは巡礼の証となり、巡礼証明書を発行する際に必要になる。宿で押されたスタンプは、可愛いニコちゃんマークだった。実は前日、バルのテラス席でひとりビールを楽しんでいた時のこと、通りすがりのおじさんに「スマイル スマイル！」って突然声をかけられたのだ。なに？私、もしかしてしかめっ面でもしていたの？心地よく道行く人を眺めていたつもりだったけれど、そんなに怖い顔をしていたのかな？少し反省する出来事があったばかりだった。

カミーノでの出来事は全て自分へのメッセージ。そんな昨日の今日、スタンプもニコちゃんマーク。『笑顔を忘れないで』って、宇宙からいわれているようだった。どんなときも笑顔を絶やさないでいようと思った。いつも、どんな時も、全ては自分から始まるのだから。スタートはいつも「わたし」。笑顔で始めれば、周りもきっと笑顔になっていく。

宿では、ドイツからひとり旅で来たクリスチャンという男性と出会った。彼は今回の巡礼で達成したい目標があるらしい。ドイツのお気に入りのことわざを、巡礼中に出会った世界中の人々の国の言葉でノートに書いてもらうというのが彼のミッション。ステキだなと思った。巡礼の旅は、ただ歩くだけではなく、自分の中でなにかを「決めて」歩くことがとても大切な気がする。それがたとえどんな小さなことであっても、自分自身と約束を交わし進んでいくことがいちばん重要なのだと思う。

私は、巡礼中に大好きな教会や修道院でゆっくりと自分の時間を持つ。ヨーロッパの雰囲気を感じるステキな場所でピアノを弾く。民族衣装のパレードを見る。ポルトガルのファドを聴く。など、50個以上のバケットリストをノートに書いてきた。その中には「今回の巡礼の旅を本にする」という目標も、もちろん入れていた。こうしてノートに記すことで、不思議と願いは叶うのだから。本当に。この時出会ったクリスチャンとは、後に驚くべき再会を果たすとは思いもせず、「Buen Camino!」といって別れた。

私はカミーノの後、スペインを旅する予定で、バックパックとは別にスーツケースを持参していた。スーツケースは当然ながら巡礼には持っていけないので、初日の宿でカミーノに必要ない荷物やかすみんの荷物をまとめてスーツケースに入れ、フロントに預けておいた。予約した配送サービスが引き取りにきて、ゴールのサンティアゴのホテルに届けてくれることになっていたのだ。ゴールした後はスーツケースを持って、サンティアゴ・デ・コンポステーラからスペインを旅する気満々で、なんの心配もなく宿を出た。しかし、実際にはそう簡単にはいかなかった。ここはヨーロッパ、日本と同じように正確なサービスを期待するのは間違いだった。これも旅のあるあるだ。

## 自分らしいカミーノデビュー

カミーノの旅がついに始まった。ポルトガルの道には大きく分けてふたつのルートが存在する。海岸沿いを進むコスタルルートと、内陸を北上するセントラルルートだ。実際には他にも多くの道があるけれど、私たちは王道のセントラルルートを進み、途中からスピリチュアルルートを歩くことにした。この旅では、あえて地図もWi-Fiも持たずチャレンジする。ネットが繋がるのは宿とカフェだけだ。道中は看板や木、地面に書かれた黄色いサインだけを頼りに進む巡礼の旅。8kgの荷物に水とカメラ機材を加えて、合計10kgの荷物を背負ってポルトガルの道を歩き始めた。スタートして1時間も経たないうちに、予想以上の重さで肩や背中、膝まで痛みが出てきた。10分おきに休憩を取る。日本での1か月の間のトレーニング?!なんて全く別物だった!実際の重さの荷物を背負ってトレーニングしなきゃ、意味がなかったんだと今更ながら後悔した。

ポルトガルの石畳はひとつひとつがゴツゴツと大きく、形もバラバラで整っていない。それがまた街の雰囲気をステキに演出してるのだけれど、歩くとダイレクトに脚にくる。

底の厚いトレッキングシューズを履いていても、足の裏がすぐ痛くなってしまうのだ。気をぬくと足首を捻ってしまいそうで、足元に集中して歩く。重い荷物が肩に食い込み、肩も背中も痛い！この重さでラストまで歩けるのだろうか？「巡礼の旅に行きたい」なんて、友達にいったこと、激しく後悔した。しかし、ここまで来てしまった以上、もう後には引けない。初日の数時間で心が折れそうになった。

休憩をとりながら、カラフルな家々が立ち並ぶ迷路のような路地を歩き、高台にあるポルト大聖堂へと向かう。カテドラル前に着くと、広場ではトランペットの演奏が響いている。荘厳な建物をバックに、優しい音楽が流れていた。目の前に広がる美しい世界に心が震える。ポルトのカテドラルはポルトガルの道を歩く人々が必ず訪れる巡礼スポットのひとつだ。広場にはカミーノのサインである黄色い矢印とモホンがあり、ここが巡礼の地であることを示している。

大聖堂に入ると、中世の佇まいと美しいアズレージョの回廊に圧倒された。さきほどまでの疲れや痛みはすっかり忘れてしまうほど。静寂の礼拝堂、壁に書かれたフレスコ画、流れる音楽、神聖な香りと美しさに思わず涙がこぼれそうにになる。荘厳なヨーロッパの雰囲気に感動し、写真を撮ったり、大聖堂内の椅子に座ってゆっくりと思い思いの時間を過ごした。

私の巡礼は、歩くだけが目的じゃない。こうして教会や修道院をゆっくり巡りながら旅をすることに決めてきたのだから。これが私の巡礼スタイル。クレデンシャルにスタンプをもらい広場に出ると、目の前にはオレンジ色のポルトの街並みが広がっていた。初日からふたりして感動の渦が心の中で広がっていった。

世界一美しいといわれるサンベント駅やポルトの街を歩いて巡礼を進めていく。いつもの旅と違うのは背中に10kgの重さがずっしりとのしかかっていることだ。これがなければもっと楽に歩けるんだけどなぁ、そう思いながら進んでいた。街中で見つけることができなかった巡礼のサイン「黄色い矢印」にもやっと出会った。なんてことない通りの壁や石畳、電信柱に薄れたペンキで書いてある黄色いサイン。今までも旅をしながらきっとこの黄色い矢印を見かけたことがあったはずだ。巡礼のことを知らなかった頃は、きっと単なる落書きだと思っていたに違いない。しかし、今こうしてカミーノを歩いていると、黄色い矢印が心の支えになっている。なんて勇気づけられるのだろう。これからこの矢印を追いかけて進んでいく。まるで大人のゲームみたいだ。

観光客で賑わうポルトの街では巡礼者に会うことがなかった。それどころかバックパックを背負っている人すら見かけない。みんな本当に巡礼しているのかな？道があっているのかさえ不安になっていたけれど、そんな時、こうして黄色い矢印を見つけることで勇気づけられた。あとはこのまま進むだけ。お腹もすいてきたし、エンパナダを頬張りながら石畳の道を歩く。

この日は巡礼中どうしても訪れたかったポルトガルの古都ギマランイシュへ向かっていた。セントラルの道から少し外れ、ブラガルートの一部に入ることになる。この街にステキなポサーダがあると聞いて、絶対に泊まってみたいと思っていた。ポルトガルの道の前半は、国道沿いをひたすら歩く道が続いている。私たちのペースで歩いていると、あっという間に夜になりそうなので、少しバスを利用して移動することにした。これも私たちのカミーノ。無理をして歩けなくなるより、自分たちの体調を考えながらこうしてワープするのもありだと思う。早くゴールすることが目的でもなければ、無理をして足を痛めてゴールするのが目的でもない。私たちらしいカミーノを歩くのだから。すべては自分の選択。私のカミーノを進んでいく。

SPIRIT MESSAGE

常に偽りのない心で自分の人生に集中する♡

## カミーノマジック

初めて訪れたギマランイシュは、中世の面影が残る可愛らしい街。いつの間にか肩や脚の痛みも忘れるほど、『可愛い！ステキな街だね！』と、ふたりで感動しながら矢印を追いかけて歩いた。途中、美しい教会を見つけて立ち寄った。石のように重い扉を開けた瞬間、静まり返っていた教会にパイプオルガンの壮大な音が響きわたった。

まさに、ミラクルなタイミングで演奏が始まったのだ。流れてきたのは、大好きなバッハのアーリオーソ！バックパックをおろし、椅子に座りステンドグラスを眺めながら演奏を聴いていると、教会のスタッフが私たちの方へやってきた。「2階でオルガン演奏しているので、階段を上がって近くで見ていいですよ。」周りにはたくさんの人が座っているのに、私たちにだけ声をかけてきたのだ。え？どういうこと？2階に上がっていいの？遠慮なんてしている場合ではなかった。バックパックを預けて静かに階段をかけのぼった。

2階からは教会全体を見渡すことができる。荘厳なオルガンの音色も1階よりもはるかに迫力のある音で全身に伝わってくる。カミーノバケットリストに書いた「ヨーロッパでパイプオルガンの演奏を聴く」という夢が叶った瞬間だった。それも、ただオルガンを聞くだけでなく、こんな真近で、目の前で体験できるというミラクルが同時に起こったのだ。間近で見るバロックオルガンは想像よりはるかに大きく荘厳だった。感動で泣きそうになっていると、演奏をしていたオルガニストのおじいさんが手招きして、横に座るようにいってくれた。え？いいの？オルガン席に座らせてもらった。彼はオルガンの仕組みを詳しく説明してくれた。

そして、ここで思いもよらない夢がもうひとつ叶うことになった。ヨーロッパの荘厳な、たくさんの人々が祈りを捧げる教会でオルガンを聴けるというだけでも感動なのに、巡礼者として立ち寄っただけの私が、この素晴らしい空間でオルガンを弾かせてもらえることになったのだ！人生初の教会でパイプオルガンを弾くという夢が実現した瞬間だった。緊張と興奮のあまり手がガクガクと震えていた。心を落ち着けて、バッハの

「主よ、人の望みの喜びよ」を弾く。初めて触れるパイプオルガン、教会に響き渡る音色、この瞬間全てに感謝の気持ちが湧きあがってきた。初日にこんなミラクルが起こるなんて！まるで宇宙からの贈り物のような感動の時間！ありがとう！

カミーノでは、こうした奇跡や摩訶不思議な出来事が毎日目の前で起こる。これは私に限ったことではなく、カミーノを歩いた人全てに起こることらしい。他の巡礼者の話を聞いても、同じように普通では考えられないようなことが起こっているのだから。この道にはなにか特別なパワーがあるのかもしれない。そして、カミーノを歩くことでそのパワーに触れ、様々なミラクルを体験することになるのだと思う。実際に、”カミーノマジック“という言葉があり、巡礼中に起こる奇跡をこう呼ぶのだ。

SPIRIT MESSAGE

ミラクルは一秒の狂いもなく目の前に差し出される♡

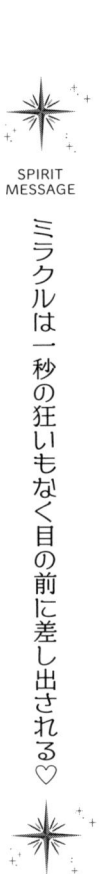

## ハートが震える感覚

ミラクルはこれで終わりではなかった。教会での感動と興奮が冷めやらぬ中、ここから信じられないことが次々と目の前に繰り広げられていくのだった。私はもともと刺繍や手しごとの雑貨が大好きで、巡礼中、ヨーロッパの手しごとや刺繍製品をどこかで買えたらいいなと思っていた。教会を出て街を歩いていると、ギマランイシュ地方の伝統刺繍のショップに出会ったのだ。

ポルトガルの刺繍はカラフルな「恋人たちのハンカチ」が有名だけれど、この地方にはまた違った可愛らしい伝統刺繍がある。白地に赤の刺繍がとても可愛いらしいギマランイシュ刺繍だ。まさかカミーノ初日にこんなにあっさりと出会えるなんて思ってもみなかった。普通の旅であればもっと買いたいのに！そう思いながらショッピングを楽しんだ。だって、今しか買えないものだから。次にいつ来るかわからないし、「今」心がときめいていることを大切にしよう。軽いしお土産にぴったりだね。かすみんもその可愛さにひと目惚れしたようで、たくさんお土産を買っていた。私が刺繍が好きだということを伝えると、お店の人が2階のアトリエやギャラリーを案内してくれた。見たことのないステキな刺繍作品をたくさん見せてもらい、感動の時間を過ごすことができた。

路地を抜け広場のレストランに入り、遅めのランチを楽しむことにした。ポルトガル料理は日本人の口にとても合い、パンの代わりにたっぷりのお米が添えられていて、美味しいうえにお腹も満腹になる。かすみんと今日の信じられないミラクルに感動しっぱなしで、「カミーノってすごいね」としか言葉が出てこないほど、食事中もずっと興奮と感動が続いてハートが喜びでつつまれていた。

お腹もいっぱいになった後は、巡礼再開。旧市街の教会を巡り汗だくになる。この時間の巡礼は、ジリジリと照りつける太陽が体力を奪っていく。美味しそうなアイスでパワーチャージし、今夜の宿である楽しみにしていたポサーダへと向かった。ギマランイシュのポサーダは、旧市街からは少し離れた丘の上にある。1日のラストに坂をのぼって行くのはかなりキツい。忘れかけていた肩の痛みが一気に押し寄せてくる。重い荷物を背負っているからすぐに汗だくになる。髪も服もビショビショになりながら坂をのぼった。こんなに体力も足も髪も全部ボロボロなのに、ハートが、魂が、喜びで満たされているのが自分でわかる。坂道を歩きながら、ふたりで「自分でもわかるくらい魂が震えてるよね。感動が止まらない」そう話しながらポサーダへ向かった。不思議なことに、このハートが震える喜びというのは、また次の喜びを運んできてくれる。そうして次々と夢が叶っていくのだ。

やっとの思いで丘の上につくと、ポサーダの隣に美しい教会があった。宿に向かう途中でこうしてステキな教会に出会えることにまた涙が出そうになる。教会ではひとり目を閉じ心を静かに瞑想し、ポサーダへついた時には17時を過ぎていた。

中世の修道院だったポサーダには特別な空気が流れていた。豪華さの中にも落ち着いた静けさがあり、ピンと張りつめた空気が感じられる素晴らしい空間だ。ポルトガルのアズレージョで覆われた回廊、教会の鐘の音が響き渡る中、重厚な雰囲気に包まれながら「今」というこの瞬間をこの空間で過ごせることに、感謝の気持ちが自然と湧きあがってくる。カミーノは歩く瞑想ともいわれているけれど、初日からハートや五感が研ぎ澄まされ、スピリチュアルな感覚に包まれていくのを自分ではっきりと感じる。

SPIRIT MESSAGE

五感を研ぎ澄ませ今この瞬間の奇跡を感じる♡

# 中世の修道院に泊まる夜

長い廊下を進むと、真っ赤な絨毯が設えられた道が続いている。汗だくの巡礼の格好、スニーカーで歩くのは気がひけるほど、素晴らしい空間が広がっていた。部屋に着くと、窓からはギマランイシュの美しい景色が見える。すぐにシャワーを浴びて、手洗いで洗濯を済ませた。ワンピースに着替えて噴水のあるパティオへと向かった。巡礼中、こんなステキな場所に立ち寄ることもあるし、軽い素材のワンピースを持ってきて本当によかった。噴水の音が心地良いパティオからは修道院の教会の塔が見え、時折、鐘の音が響く。

なぜ、私は今、この場所に来ているんだろう。過去生というものがあるのなら、きっと昔ここにいたのかもしれない。修道士たちはこの場所でなにを考え、どんな風に過ごしていたんだろう。そんなことを考えていると、心の奥から不思議な感情が湧きあがってくる。

この後、巡礼の旅の中で色々なポサーダに宿泊したけれど、このギマランイシュのポサーダの重厚な雰囲気は特別だった。中世の魅力が残る修道院の雰囲気が館内に漂っている。

アズレージョに覆われた石造りのラウンジにかすみんもやってきて、旅の初日のミラクルな1日をポルトガル名物のポートワインでお祝いすることにした。私は赤のポートワイン、かすみんは白のポートワインを選んだ。ホテルのスタッフがグラスになみなみと注いでくれたその味は、トロリとした甘さで最高に美味しい。お互い夢のほとんどが、思いもよらない形で目の前にやってきた特別な1日だった。ほろ酔い気分でいろんな話をしながら、ご縁の不思議さを改めて感じる。

日本とバルセロナ、それぞれの道を歩んできた私たちの人生が、ベストなタイミングで交差し、こうしてポルトガルの地で宝物のような時間を共有している。運命だよね。そんなことを話していると、ふとピアノが目に入った。こんなステキな場所でピアノが弾けたらいいな〜。ダメもとで聞いてみようよ！とかすみんがホテルの人に尋ねてくれた。すると、驚くほどあっさりとOKが出た。元修道院の憧れのポサーダで、こんな素晴らしい空間でピアノを弾かせてもらえるなんて！またしても夢が叶った瞬間だった。バッハとアヴェ・マリアを演奏した。石造りの修道院にピアノの旋律が響き渡った。自分の心に浮かんだこと、ハートにさえ従って進んでいればなんだって叶うのだ。感動がまた新たな感動を呼び、初日にしてやりたいことが向こう（宇宙）から次々と目の前に差し出される。こんな素晴らしい空間で、夢のような時間をありがとう。

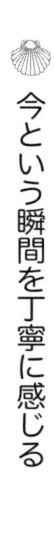

SPIRIT MESSAGE

ハートに降りてくる夢は必ず叶う。思いもよらない形で♡

## 今という瞬間を丁寧に感じる

朝、小鳥のさえずりで目が覚めた。あれ？私、人と旅ができている。前述の通り、普段は自宅でも家族と一緒に寝ることができず、寝室を別にしていて、ひとり静かにしないと眠れない。かすみんとカミーノを歩くことが決まった時、同じ部屋だと眠れないと思うから、途中で個室を取るつもりだと伝えていた。しかし、実際には同じ部屋でぐっすり眠ることができた。巡礼で疲れているとはいえ、これには自分でも驚いた。なんでも自分でこうだと物事を決めつけずに柔軟にトライしてみるものだなと思った。窓を開けると、心が洗われるような絶景が広がっている。高台にあるポサーダからは、うっすらと霧のかかった美しいギマランイシュの街が一望できる。なんて素晴らしい朝なんだろう。こんなにすっきりとした気持ちで迎える朝は久しぶりだった。

巡礼の朝はみんな早い。まだ真っ暗な4時、5時から歩き始める人も多い。その方が涼しい時間帯に目的地に向かえるからだ。なによりも昼間の炎天下の中を歩かなくて済む。早めに宿に着けば、洗濯をしたりゆっくりと体をケアする時間も取れる。そのため、早朝出発のスケジュールで歩く人が圧倒的に多い。しかし、私たちはマイペースにのんびりスタートだ。なぜならポサーダのステキな朝食が待っているから。こんな素晴らしいポサーダに泊まっているのだから、この修道院の雰囲気を存分に楽しみたい。どの瞬間も心の声に従うことに決めていたから、朝ごはんをゆっくり味わうことにした。

ダイニングは石造りの宮殿のようで、天井まである大きな窓の前に置かれたテーブルとアンティークの椅子が特別な空間を演出していた。その場にいると、まるで中世にタイムスリップしたかのような感覚になる。ビュッフェにはポルトガル料理やスペインの生ハム、チーズが並び、デザートも豊富に揃っていた。食器や空間、料理の全て、ここでしか味わえない「今」を存分に堪能した。

## 黄色いサインを追いかけて

朝食をゆっくり楽しんだ後、チェックアウトの時間がやってきた。しかし、ここでトラブルが発覚し、フロントでのやりとりに1時間もかかってしまった。初日にポルトで預けておいたスーツケースをまだ誰も引き取りに来ていないというのだ。最終日のサンティアゴ・デ・コンポステーラでスーツケースを受け取らなければ、その後の旅が進められなくなる。なんども運送会社に連絡を試みたが、全く返事がなかった。つまり、私のスーツケースは、初日の宿にそのまま放置されているのだ。それでなくても出発が遅いのに、ここで時間ロスするのは嫌だなぁと思ったが、そうだ『カミーノで起こることは全て必然』この言葉を思い出し、ハートの真ん中に意識を戻した。

いつだって物事は自分の意識次第でどうにでも解釈できる。ポサーダを出発し、次の街ブラガへ向かい始める頃にはもう9時になっていた。それでも、これも私たちのカミーノ。人と比べず、自分のペースで進むと決めたのだから。

さよならするのが惜しいくらいステキなポサーダとお別れし、街へと向かう。下り道は余裕でしょ、なんて思っていたが、これがとんでもなく大変だった。腰へ全負担がのしかかってくる。体はキツいけれど、道沿いには可愛い家々が並んでいる。ステキなものを見つけるたびに、写真や動画を撮りながらハートの赴くままに進んでいった。荷物の重さに何度も限界を感じ、そのたびにバックパックを下ろして休みながら歩く。とはいえ、ゆっくりでも確実に進んでいる。人生も同じように、少しずつでも、自分のペースで前に進んでいけばいいのだ、と、ふと感じた。

昨日通った街には地元の人たちの穏やかな日常が流れていた。しかし、どこにも黄色い矢印が見当たらない。ひたすら歩いて、やっと荷物の重さにも少し慣れてきたかなと思った瞬間、目の前になが一い坂道が現れた。嘘でしょ……。汗だくになりながら坂を登った。お互いに自分のペースで黙々と進んでいた。その時だ。「あったー！」かすみんの大きな声が街に響いた。この日初めての矢印だ。不思議なことに、ひとつ見つけると10メートルおきに次々と現れる！こうなったらもう安心。黄色い矢印に励まされながら前に進む私たち。

車がビュンビュン通る国道沿いを歩き、さらに矢印を追いかけて住宅街へ入った。マリア様が飾られた小さな祈りの場に腰をおろす。ポルトガルの住宅街にはこういう場所がたくさんある。日本のお地蔵さん的なものだろうか。かすみんが持ってきた岩塩を舐めると、ホッと疲れがやわらいだ。岩塩や黒糖はカミーノに持ってきてよかったもののひとつだ。しかし、ここでまだ３㎞しか歩いてないことが判明。今日のゴールは、ここからまだ20数㎞も先……。絶望的すぎて笑うしかなかった。自分たちでは歩いているつもりでも、実は亀のようなペースだったのだ。とにかく行けるところまで進もう！この辺りから次々と現れる黄色い矢印に勇気づけられ、肩の痛みにも少しずつ慣れてきた。

## ポルトガルの道が好き

住宅街や国道沿いの林を抜けて、ただ前を向いて黙々と歩く。たまたまこの時期に歩くことになったカミーノだけれど、季節がら可愛らしい花があちこちに咲いていて、住宅街のお庭に咲くバラの花にも癒される。ずっと続く葡萄畑は、秋にはきっと豊かな実をつけるのだろう。また秋も歩きたいなと思いながら、石畳の道を進む。ふと、小鳥たちが私たちをずっと案内してくれていることに気づいた。本当にずっとずっとついてきてくれる。まるで行き先へ導いてくれているかのように。

雲行きが怪しくなってきたところでカフェを見つけ、昼ご飯を食べることにした。このカフェではポルトガル名物のフランセジーニャをいただく。ふわふわのパンにボリューミーなお肉がたっぷりと挟んであるポルトガル版サンドイッチだ。日本では絶対食べることのない肉肉しいボリュームでも、巡礼中はペロリといける。歩き疲れた体にしみわたる美味しさだ。パワーを取り戻した私たち、まだまだ頑張れる！

カルダス・ダス・タイパスという温泉町に着いた。心地よい小川が流れ、辺り一面可愛い小花が咲き誇っている。写真を撮ってはしゃいだ。ステキなものを見つけると、つい立ち止まってしまうから、なかなか思うようには進まないけれど、ただゴールを目指して歩くだけの巡礼の旅もあれば、その瞬間を楽しみながら進むこんな巡礼もある。私たちらしいカミーノを歩くのは最高だね。

ブラガまで14㎞の標識が見えてきた。もう少し頑張ろう！小さな村に入ると、ふんわりと甘い香りが漂ってきた。ケーキ屋さんだ。店内には美味しそうなポルトガルのスイーツが並んでいた。相方のかすみんは、ステキなケーキ屋さん巡りというのをバケットリストに入れていて、昨日も今日も夢が叶っていた。甘いものを食べてパワーチャージし、ブラガの街へ向かった。

途中、大きなバックパックを背負った巡礼者に出会った。この道を歩いていて初！の巡礼者だった。オーストリアから来たローズとケビンという夫婦で、初めてのカミーノに挑戦中だそうだ。ニコニコとした笑顔がステキなふたりだった。またどこかで会えるといいな。初めて通る小さな村、見たことのない景色、初めて出会う人たち、肌で感じる「初めて」に出会うと心がふんわりと癒されていく。そして、このポルトガルの道が大好きになっていた。

SPIRIT MESSAGE

喜びの赤い糸はずっとずっとつながっていく♡

## サインを受け取る

夕方の暗くなる前にブラガに到着した。ピンクやグリーン、パステルカラーの可愛い建物が並ぶ、まるでおとぎ話のような街だ。ブラガは「祈りの街」と呼ばれ、多くの教会があり、神聖な空気が漂っているのが印象的だ。

今夜の宿は、カテドラルのすぐ近くにあるB&B。受付はなく、送られてきた暗証番号でドアを開けるタイプの宿だ。共用リビングやキッチンが完備されていてとても快適。ただ、ひとつだけ問題があった。ツインルームを予約したはずなのに、部屋に入ると小さなベッドがひとつ、ぽつんと置いてある。ふたりで顔を見合わせて苦笑い。今夜はこの小さなベッドで大人ふたりが寝るのかぁ。他人さまと同じ部屋に泊まること自体、私にとって大きなチャレンジなのに、今夜はまたしてもとんでもチャレンジがやってきた。旅はなにが起こるかわからないから面白い。こういうドラマが楽しいね。

この宿はカテドラルが目の前にあり、教会の鐘の音が時折聞こえてきて癒される。共用リビングに行くと、額に飾られた絵が目に入った。「Everything is going to be OK」

と書かれている。なんて粋な宇宙からのサイン！そう、全てはうまくいっている。安心して前に進んでいこう！キッチンもついている。ランドリーもあってラッキー！早速シャワーを浴び、たまっていた洗濯物を回す。洗濯機があるって本当に楽チンなのだ。外はまだ明るいし、街を散策することにした。

## ミラクルの連続

まず最初に訪れたのは、宿を出てすぐ目の前にあるカテドラル。豪華絢爛なバロックオルガンと祈りの空間が広がっていた。巡礼で時間があれば、ぜひ立ち寄って欲しい場所のひとつだ。荘厳な雰囲気に圧倒されながら、巨大なバロックオルガンを見上げた。なんて美しいんだろう！カテドラルの中では目を閉じ、静かに心を落ち着かせる時間を過ごした。

巡礼中、この静寂のひとときがとても心地よかった。ふと、カテドラルに置いてある案内を見て驚いた。なんと！私たちの滞在中、パイプオルガンの国際フェアが開催されているというドンピシャなミラクル！下調べもなにもしていなかったのに、こんな偶然がある？これが宇宙からのギフトじゃなかったらなんだろう？こんなタイミングで次々とミラクルが起こるだろうか。まるで私の夢のために用意されていたかのような出来事ばかりなのだから。こうして喜びの波動が、また次の喜びを運んできてくれる。

見学を終えて外に出ると、また驚くべき光景が目の前に繰り広げられていた。バケットリストに入れていた「現地のファドを聞く」「民族衣装のパレードを見る」の両方が、まさに目の前で実現していたのだ。こんなことある？もし少しでもタイミングがずれていたら、きっと出会えなかったパレード。カテドラルを出た瞬間、目の前で繰り広げられている。それもファドと民族衣装の両方だ。ほんの数分のことだった。もし5分遅れて出ていたら見逃していたはず。可愛らしい街でのミラクルに興奮し、かすみんと抱き合って喜んだ。

静かに自分のハート、スピリットに忠実に行動すれば、宇宙からのギフトはこうして次々と目の前に差し出される。ハートからブレないようにするコツさえつかめば、それは永遠に続くのだ。本来、流れに沿っていればこうなることしかないのに、日常の中では自分のハートの声をスルーしてしまうことがある。これからは、もっともっとハートからの声を大切に生きていこうと思った。

## 深夜の格闘

今夜は日本から持ってきたカップ麺で夕食を楽しむことにした。共用キッチンにラーメンの匂いが広がり、後から来たヨーロッパ男子が「すごい匂いだけどなんの匂い？」そう尋ねてくるほど強烈な匂いだ。カミーノでクタクタだったせいか、夕食を食べた後は強烈な眠気に襲われた。けれど、この日の夜はオルガンフェスの演奏会がある。眠い目をこすりながら出かけることにした。宿から30分ほど歩いた場所にある教会に入ると、地元の家族連れなどで満席！暮らしのすぐそばにこうして音楽があるってステキだな。

ポルトガルで聴くオルガンの音色は、心の宝物になった。ふと隣を見ると、大音量の中でぐっすり眠っている相方かすみん（笑）そりゃ歩き疲れているよね。つき合ってくれてありがとう。感動が冷めやらぬまま宿に戻った。

そうだ！私たち洗濯機を回したままだった。急いで取りに行くと、洗濯機の扉が開かない。なにをやってもダメだ。このまま開かなかったら明日着る服がない……。途方にくれた。うんともすんとも動かないのだから。この宿には受付の人はいないしこういう時に困る。とりあえずフロントに貼ってあった緊急番号に電話をしてみると「ごめんなさいね。その洗濯機のドア、壊れているのよ。伝え忘れていたわ。キッチンにスプーンがあるでしょう？それでこじ開けてみて。運が良ければ開くからトライしてみて」

……。え？？？？運が良ければってなに？（笑）さすがヨーロッパ。壊れているなら、張り紙をしておいて欲しかったな。とはいえ、後の祭り。しかもスプーンでこじ開けるってなに？静かな宿で、スプーンを使ってドアをこじ開けようと必死にトライする私たち。寝ている人がいたらごめんね！と心の中で謝りながら、もし開かなかったら明日からなにを着ようかと考えていた。早く寝たいのに、30分くらい格闘した。諦めかけたその時、運が味方してくれたのだ。ポコンという音とともにドアが開いた！やった！！！洗濯機のドアが開いた！夜中にドアが開いただけで大喜びする大人女子ふたり。きっと同じ階に泊まっていたヨーロッパ男子たちは「うるさいアジア人がいる」と思っていたにちがいない。静かに寝ている皆さん、本当にごめんなさい。なにはともあれ、ほっとして眠りについた夜だった。

SPIRIT MESSAGE

宇宙からのギフトはハートをひらけば永遠に♡

## 鐘の音で目覚める朝

大聖堂の鐘の音で目が覚めた朝。あれ?ちゃんと眠れていたんだ。小さなベッドで大人ふたり。眠れないと思っていたけれど、爆睡していたみたいだ。またするすると枠が外れていく。小さなベッドでも大人ふたりで寝られるんだ!自分の中の思い込みというのはこうしてあっさりと外れていく。

共用シャワーへ行くと、ヨーロッパ男子が同時にやってきた。急いでいるはずなのに、笑顔でどうぞと譲ってくれる。なんて優しいんだろう！ありがたく気持ち良く先に使わせてもらった。部屋に戻ると、窓の外にはうっすらと霧がかかっている。前日パン屋さんで買っておいたクロワッサンを食べあたたかいコーヒーを飲み、バックパックを置いたまま身軽な格好でブラガの巡礼スポット『ボン・ジェズス・ド・モンテ聖域』へ向かった。

カテドラルの前を通ると、美しい歌声が聞こえてきた。朝のカテドラルは一段と澄んだ空気が流れ、心が洗われるような神聖な雰囲気だ。少しの間ミサに参加し、教会を後にした。朝の清々しい空気と小鳥たちのさえずりに癒され、気持ちの良い1日のスタートだ。ボン・ジェズス・ド・モンテ聖域は、500段以上の階段を一段ずつのぼって丘の上にある教会を目指す。

この時だけはバックパックがなくて本当によかったと思った。かなりハードな階段で、荷物があったらきっとヘトヘトになっていたに違いない。階段をのぼりきった先には、ご褒美のような絶景が待っていた。ブラガの美しい街が一望できる。教会へ入ってしばらくぼーっとしながら、今この瞬間を心に刻んだ。

ここは、巡礼経験者のブログを読んで、ぜひ行ってみたいと思っていた場所のひとつだ。今、こうして自分がその場所にいる。自分で決めたこと（夢に描いたこと）は、必ず現実として目の前に現れる。だから、できるだけネガティブなイメージを頭に描かないように心がけることも大切だと思っている。そうすることで、夢は必ず叶うのだから。

## カミーノは魂の再会

宿に戻って荷物をピックアップしたら出発だ。この日は、昨夜目星をつけておいたステキなカフェで朝食を取ることに決めていた私たち。教会のテラスで鐘の音を聞きながらいただく朝食は格別だった。ウェイトレスの子が日本の漫画が好きだといって、私たちにとても興味を持ってくれた。みんな本当にハートが可愛い！初めて会ったとは思えないほどフレンドリーで、愛が伝わってくる。かすみんと「これは、きっと魂の再会だね～」そういいながら心温まるステキな時間を過ごした。こんな小さな出会いでも、カミーノでは遠い昔から約束した魂の再会のように感じられて不思議だ。

巡礼中に出会う人たちは、みんな優しくてピュアで、ハートがまぁるい感じがする。誰一人として意地悪な人や変な波動の人がいない。そして、良い意味で見た目も考え方もぶっ飛んでいる人が多い。日常生活では、みんな浮いていそうだけれど、ここはカミーノ。なんでもありのオープンな世界。みんな人それぞれ、誰かに合わせる必要もない。話したければみんなで話し、ひとりになりたければそっとしておいてくれる。自由でオープンで愛に満ちた全てOKの世界が最高に居心地が良かった。そんな自由な生き方をしている相方かすみんや出会うみんなが大好きになっていた。

## 本当の人間関係とは

日本だと誰かと話す時、YESやNOを伝えるにもストレートすぎるかな?と思うことがある。はっきり伝えたい時でも少し柔らかくオブラートにつつまなきゃとか、いろいろと工夫しながら過ごしている。表情や仕草など空気を読むことが重視される文化は、日本の魅力でもあるけれど、本来、自分を誰かに合わせる必要なんてない。ありのまま自分らしくいることの方が大切で、それで合わなければそれまでだし、無理して他人に合わせることなんてないのだから。ご縁を無理に繋いでおこうとすることなんてなく自然の流れの中で自分を信じる力を持てばいい。自分を抑えて生きる世界よりも、ありのままでいる方が絶対に良い。嫌なことはその場でしっかり伝え、嬉しいことは感謝の気持ちを素直に表現する。それこそ本来の人間関係だと思う。巡礼中に出会う人たちとのやり取りを通じて、改めてそんなことに気づかされる毎日だ。

他の巡礼者たちがもうとっくに歩き始めている中、私たちのスタートはこの日ものんびりだった。自分たちの心惹かれる方に進むのだから、そうなるのも当然だ。人と比べなくても、自分の道がしっかりと用意されている。朝をゆっくり楽しんだら、昼間の炎天下をヒィヒィいいながら歩くのがお約束。ポルトガルの凸凹した石畳をひたすら歩いていく。

街の中を1時間ほど黄色い矢印に沿って歩くと、背の高さほどの壁に囲まれた迷路のようなカミーノに出た。苔むした古い石塀に囲まれた道は外が全く見えず、細く長い道がずっと続いている。どこに繋がっているんだろう?人がひとりが通れるくらいの細い路地のような道、まるでトトロの道だね。なんていいながらワクワクしながら歩いた。

すると、迷路を出ると、正面に現れたのは中世の美しい教会だった。

その不思議な道は、教会へと続く秘密の道だったのだ。まるでゲームのようなカミーノ!街の中に、こんな隠された迷路があるなんて。アズレージョの美しい教会は、残念ながらしまっていたけれど。私たちはこのステキな道に「トトロの道」と名付けた。

SPIRIT MESSAGE

自分らしくありのままの自分を信じること♡

## 心のシェアという宝物の時間

教会を出て矢印に沿って進んでいくと、葡萄畑の道に入った。広大な土地に、葡萄棚が一面に広がっている。スタート時間が遅い私たちは、他の巡礼者とも会わない道をただひたすら黙々と歩く。荷物の重さにも少しずつ慣れてきたように感じる。最初は5分おきだった休憩が、10分おきに、さらには30分おきにでも歩けるようになっていた。

太陽の光を遮るものはなにもなく、この辺りから日焼けのことも気にならなくなった。帽子も汗で邪魔になるし、ブラも含めて全部やめた。快適さを優先することにしたのだ。やっと見つけた日陰で荷物を下ろし、休憩する。休憩といっても地べたに座って足と肩を休めるだけだけれど、この時間は相方のかすみんとの貴重な心のシェアの時間でもあった。カミーノを歩く中で、お互い感じる日々の気づきをシェアするという宝物のような時間になっていたのだ。

カミーノは、スポーツや遠足として歩く人もたくさんいる。ひとりで誰とも話さず黙々と歩く人、友達と賑やかに楽しむ人、自分の内に問いかけを持って歩く人など、様々なスタイルがある。目的も人によってもちろん違うし、それぞれのカミーノがある。ただ、最初になにか決めて歩くことで得るものは大きく変わってくるのは確かだ。みんなでワイワイおしゃべりしながら歩いていると、あっという間にゴールしてしまい単なる遠足気分で終わってしまうだろう。目の前の一瞬一瞬を大切に味わいながら歩くと、カミーノは、その時、自分にとって必要な答えに気付かせてくれる。だから自分の中で問いやミッションを持って歩くといいと思う。

## 純真な子供の頃の世界を思い出す

小さなチャペルや教会を訪れながら村を進んでいく。どの家庭のお庭にもバラが咲いていて見ているだけで心が和む。この季節はどこを歩いていても春爛漫で心までウキウキする。村を越え森を抜けると、ただ歩いているだけなのにそこに広がる美しい風景に癒される。忙しい日常で心をぎゅっと締め付けていたものが、少しずつほどけていき、心がふんわりと解放されていく。

カフェで水を買うと現地の人と言葉を交わす。みんな本当に優しい。言葉が通じなくても心が通じているのがわかる。「Bom Caminho!」この声かけにどれほど勇気づけられただろう。ありがとう。周りの景色や出会う人からパワーをもらって進むカミーノ。

最高だ！

　いくつも葡萄畑を抜けると、目の前には菜の花畑が広がっている。小道の脇には可愛いらしいエリゲロンの花が咲き、真っ青な空にはモコモコと絵に描いたような雲が浮かんでいる。田舎の可愛らしい家の屋根の煙突からは白い煙がもくもくと立ちのぼっている。まるで絵本の中に迷い込んだような風景だ。静かに歩きながら、心惹かれる風景に出会うたび立ち止まり、写真を撮ったり、景色を楽しんだり、小鳥たちの声に耳をすませたり、馬とおしゃべりしたりする。まるで子供の頃、当たり前だった純真な心の世界に戻るような時間だった。

　そういえば、小さい頃はこうして好奇心の赴くままに立ち止まっていたよね。そんな瞬間をすごく大切にしていたことを思い出す。ただ、目の前に広がる世界を楽しむことだけに時間を費やしていた。時間も、他人からの目も、世間体も、なにも気にせず、路地に咲く花を摘んだり、美しい空をずっと見上げていた。植物や動物たちとも会話を楽しんでいた。

　もっともっと自分だけの世界を大切にしていたのに、大人になって、いつからそんな美しい時間を持たなくなってしまったんだろう。世の中の流れの中にいると、こういう小さな感動を見逃してしまうことがある。目の前にはこんなにもあたたかく優しい世界が広がっているのに。

もっと心の赴くまま、自分のハートから本当にやりたいことに耳を傾けて、自由に生きていこう。そして、いろんなことにもっと優しくあろう。

SPIRIT MESSAGE

自分にとっての本当の真実に目を向ける♡

## ブルーの扉の向こうへ

この日は、ブラガから26㎞の地点にあるバルガエスという小さな村に泊まった。重厚な城壁に囲まれた、鮮やかなブルーのドアが出迎えてくれた。ドアを開けると、石造りの建物がいくつかあり、広大なお庭が広がっている。レモンの木にはたくさんの実がなり、果樹園のようだ。可愛い！まるで夢の世界に迷い込んだ気分だ。

ポルトガルの田舎には、「Ｑｕｉｎｔａ」と呼ばれる広大な農家の敷地の一部を、宿泊施設として提供している場所がたくさんある。豪華な別荘のようなところもあれば、こぢんまりした宿もある。この宿はその中間くらいの広さのようで、それでもすごく開放的な空間が広がっていた。私たちの部屋は2階にあり、リビングルームもついていて広々としている。ルームツアーをしていると、他の巡礼者も続々とやってきた。しかし、アルベルゲのような大部屋ではなく、個室の宿というのもあってか、どこかのんびりとした雰囲気でリラックスできる。

カミーノ中の宿も、自分の好みに合わせて自由に決めることができる。大勢で賑やかに過ごしたい人はアルベルゲ、個室でゆっくり自分の時間を持ちたい人はホテルももちろんあるし、ポサーダやパラドールも良い。自分の快適さを重視して選ぶといいと思う。

私たちが宿泊した部屋には古いピアノがあり、ベッドルームがふたつ。十字架が飾られたサロンもあって快適に過ごせそうだ。なによりも、広いお庭にテーブルが置いてあり、自由にくつろげるのがいい。鳥のさえずりと緑に癒されるとてもステキな宿だ。ランドリーがあったので早速洗濯をすることにした。手洗いしなくていいのは本当に助かる。洗濯物が広げて干せるお庭もありがたい。
キッチンもあったけれど、食材を持っていなかった私たちは近くのお店でテイクアウト。そういえばこの日、やっと私の荷物を配送してくれる会社と連絡が取れた。初日の宿に置かれっぱなしになっているスーツケースは責任を持ってゴールのサンティアゴに届けてくれるそうだ。よかった！ほっとして、広いお庭でビールとご飯を楽しんだ。相方かすみんとも荷物の件でたくさん話し合った。体は疲れているのに、心は感動でいっぱい。日が沈み、夜の世界に入っていくその美しさは、言葉にするのがもったいないほど輝いていた。こんな素晴らしい世界を見せてくれて、今日もありがとう。感謝の気持ちで眠りについた。

SPIRIT MESSAGE

目の前に広がる優しい愛の世界を思い出す♡

## 瞑想でハートを整える朝

この日は、辺りが静まり返った真っ暗な時間に目が覚めた。朝の澄んだ空気が心地良い。食堂に向かうと、まだ鍵がかかっていた。スタッフが到着していないみたいで、その間に洗濯物を取り込んだり、準備を済ませた。徐々に日が昇る朝のひととき。何気ないいつも通りの風景なのに、広い庭の芝生には太陽の光が差し込み、キラキラと輝いている。その輝きの中で、小鳥たちのさえずりが響き、大地や地球が喜んでいるのが伝わってくる。今、この大地を全身で感じたい。そんな気持ちになって芝生に寝転がった。大きく深呼吸をすると、緑やハーブの香りがスッと入ってきて、最高の気分だ。大地の喜びと鳥のさえずり、太陽のエネルギーにつつまれてしばらくぼーっとした。

そこにかすみんもやってきて、ふたりで芝生の上に寝転んで瞑想をした。カミーノを歩きはじめてから、日に日に意識がクリアになっているのを自分でも実感している。この日から、ふたりで「ここいいね！」そう感じた場所を見つけたら瞑想することが日課になった。

清々しい気持ちで山小屋風の食堂に向かうと、可愛らしい朝食が運ばれてきた。ふわふわのパンに手作りジャム、ヨーグルト、それにしぼりたてのオレンジジュースが添えられている。シンプルだけれど、全てが新鮮でエネルギーに満ちている。美味しい！パンはおかわりして、たっぷりと食べてエネルギーチャージ！お昼用のボカディージョも準備完了！

出発の準備をしていると、体格の良いフランス人のピエールに話しかけられた。彼は日本のお遍路に魅了され、３か月かけて歩くお遍路旅をもう何度もチャレンジしているそうだ。カミーノにおいては15回も歩いているらしく、自分でもカミーノのプロだと語っていた。きっと荷物も軽く身軽に旅をしているんだろうと思い、バックパックを持たせてもらったら、重い……。彼の荷物はなんと15kgもあった。数時間ならまだしも、何日もこの重さを背負って歩くのは体は大丈夫なんだろうか？と心配になるほどだった。すごいな〜、10kgでも重くてへこたれそうなのに。いろんな話を聞かせてもらってたくさんのパワーをもらった。

この世界にはいろんな人生や生き方がある。誰かと比べる必要もなければ遠慮もいらない、自分のやりたいように進んでいけばいい。もっと心の声に耳を傾けて、自分のやりたいことやろう。

そういえば、ピエールが話しかけてきたのは、数日前、ポルトの街で私たちを見かけたからだそうだ。私たちは全く気がつかなかったけれど、アジア人が少ないカミーノだからきっと目立つのかもしれない。帰国してポルトの写真を見返していると、なんと、初日の写真にピエールが写っているのを見つけた。カミーノに来る人たちは、やはりどこかでつながっているんだなぁ。この後再会することはなかったけれど、ここでこうして話をすることができてよかった。

「日本人の穏やかで静かな人間性が素晴らしい。日本に行くと、みんなが礼儀正しくて感動するんだ」日本を誇りに思えて嬉しくなった。

## エンジェルナンバーの導き

洗濯物が全然乾いていなくて、私はバックパックに靴下を、かすみんはレギンスをくくりつけて出発した。カミーノではよく見かける光景だ。パンティーを干しながら歩いている女子も見かけるくらいだ。

バルガエスの村を出るまでは、車がビュンビュンと行き交う国道沿いを歩く。通りには可愛いらしい家々が並び、フェンスには満開のバラ、道の片隅には黄色や白の小さな花が咲いている。国道沿いを歩いているだけなのに、目から癒されるステキな時間なのだ。クラクションで応援してくれる人や、車の中から『Buen Camino!』と声をかけて笑顔を向けてくれる人、たくさんの地元の人たちから愛をもらった。

5月とはいえ、ポルトガルの日差しは強く、10分も歩いていると汗だくになる。バックパックの背中がびしょびしょになるのが嫌で、肩ひもをずらして風を入れたり、自分なりに工夫しながら歩いた。2時間おきに荷物を下ろし、休憩しながら歩く。それでも初日は5分おきに休憩が必要だったことを考えると、少しずつ背中の筋肉が鍛えられてきたのかもしれない。

そんな休憩中のお楽しみは、なんといっても、宿で作ってきたボカディージョを食べること。パンにハムとチーズを挟むだけなのに、本当に美味しいのだから。この日はやたらとお腹が空いた。最初の休憩の時におやつのボカディージョを食べてしまったので、途中でカフェに入ることにした。カミーノを歩いていると、カフェで甘いものを食べて涼むのが至福の時間なのだ。普段は飲まないコーラも、驚くほど美味しくてパワーチャージできる。たった15分ほどの休憩なのに、体も心も一気にリフレッシュ！

カフェでは、韓国から来た60代のテヨンと話をした。彼は定年退職した翌日にカミーノに来たらしく、まずフランスの道800㎞を歩いてゴールし、そのまま飛行機でリスボンにきて、今、こうしてポルトガルの道を歩いている強者だ。ポルトガルの道を歩くだけでも大変なのに、すでに800㎞歩いてきた後だというのだから。そして、ポルトガルの道を終えた後は、帰国せずにそのままプリミティボの道を歩きにいくそうだ。どれだけ元気な人なんだろう。今日もまだ先は長いというのに、大ジョッキでビールをゴクゴク飲みながら楽しそうに話している。かっこいいな。それだけの長旅なら荷物も多いのでは？と思ったら3㎏ほどの軽装備。「本当に必要なものなんてそんなに多くないよ。これで十分生きていける」だそうだ。朝に出会ったフランス人のピエールとは正反対で面白かった。

旅をしていると、自分の枠をはるかに超えた生き方をしている人たちと出会えていつも新鮮な気持ちになる。さまざまなバックグラウンドを持つ人との会話は、こんな生き方もあるんだ、と感心させられることが多い。そして、そういう人たちからは、必ずパワーをもらえるのだ。目の前にある出会いから、人生を生きる上での大切なヒントをもらっているように感じる。不思議なことに、この休憩タイムが終わり、ふと表札や看板に目を向けると、いつも333や888、66といったゾロ目を見かける。それも毎回。まるで宇宙から「この道でいいんだよ」って、応援されているみたいに。

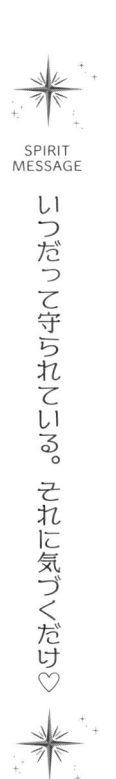

SPIRIT MESSAGE

いつだって守られている。それに気づくだけ♡

## 目の前の奇跡と向き合うひとり時間

私たちはふたりで巡礼の旅をしているけれど、歩くペースも歩幅も全く違うから、ほとんど別々に歩いている。お互いが自分時間を楽しみながら進んでいる。好きな場所で立ち止まって、写真や動画を撮ったり、小鳥たちのさえずりに耳をすませたり、風に揺れる緑の葉の音に心を奪われたり、キラキラした太陽の光を眺めたり、どこまでものんびりペースで進んでいた。

ひとりでこの世界の奇跡と向き合う時間は、宇宙から与えられた宝物のようだ。そんな風に過ごしていると、遠く先にかすみんの後ろ姿が見える。タイミングを見てふたりで休憩する。日課になった、ピンときた場所での瞑想もする。教会の前の芝生や山の中の岩の上で、風の音をバックに目を閉じて「今」に集中する時間だ。瞑想で感じたことをお互いにシェアするのも楽しい。

この日は小さな村の教会に寄りながら、ヴィアナ・ド・カステロの街を目指して進んでいた。この街は、ポルトガルの道セントラルルートから少し外れてしまうけれど、どうしても訪れたい教会とポサーダがある。

少しずつ慣れてきたとはいえ、荷物を持って歩き続けることは思った以上に大変だった。肩や足の痛みが出てくると、どうしても「痛み」に意識が向いてしまう。途中からは片方の肩ベルトを外してみたり、バックパックの底を後ろ手に持ちながら歩いたりするけれど、一瞬楽になるだけで大して変わらない。痛みや辛さが全身を支配し始める。

そんな時、ふと道端に目をやると小さな花が美しく咲いていて、心がパッと明るくなる。意識をどこに向けるかで、苦しい状況が一瞬で変わるのだから不思議だ。そんなことを繰り返しながら、ただひたすらに今日の目的地を目指した。

## たくさんの天使が舞う街

ヴィアナ・ド・カステロは、ポルトガル海岸の道にある美しい港街。この街にはポルトガルの伝統刺繍を扱うお店があり、訪れるのを楽しみにしていた。また、ステキな教会がいくつかあり、丘の上には美しいポサーダもある。このポサーダのテラスからの絶景は、自分の目で見て体験したいと思っていた。誰かのブログでその写真を見て、絶対にここに泊まると決めていたのだ。

いつも相方かすみんとシェアして同じ部屋に泊まっていたけれど、今回はお互いこの空間をじっくり味わう為に、別々の部屋をとることにしよう！ということで意見が一致した。部屋に入ると、その感動がじわじわとこみあげてきた。可愛いらしい花柄のファブリック、ふかふかのベッド、そしてテラスからは夢に見たヴィアナ・ド・カステロの絶景が広がっている。テラスには小さなテーブルと椅子が置かれ、その椅子に座って夢だった景色を眺めた。美しい街並みと大西洋をバックに、サンタルチア大聖堂がキラキラと輝いている。

感動で泣きそうになっていると、隣の部屋のかすみんもタイミングよくテラスに出てきた。お互い最高の笑顔で「ここに一緒に来てくれてありがとう！」「本当に幸せだね！」「次は家族を連れてきたいね」と、感動を分かち合った。感動のセンサーが同じ友と、こうしてカミーノを歩けることがどれだけ幸せなことか、宇宙への感謝しかない。部屋から眺める街には、天使たちがキラキラと舞っていた。

## 美しい大聖堂へ

シャワーを浴びてさっぱりした後、ポサーダの中を探検することにした。どこを見ても絵になるパステル調の可愛らしいインテリアが広がっている。レストランをのぞいてみると、部屋の雰囲気とは異なり、グリーンで洗練された空間が広がっている。かすみんから「今夜は街に出ないで、このステキな場所でディナーにしない？」と提案があった。実は、私も同じことを考えていたところだった。まさに以心伝心！この空間を味わい尽くそう！早速ディナーの予約をした。ディナーまでまだ時間もあるし、部屋から見えていたサンタルチア大聖堂に行くことにした。

ポサーダからは、坂を下るだけなので楽ちんだ。背中の荷物がないだけで、こんなにも開放感を感じるとは。あっという間に大聖堂に到着した。実はここ、サンタルチア大聖堂も巡礼中に訪れたかった場所のひとつだ。女性らしいエネルギーに満ちた大聖堂で、天井のドームにはたくさんの天使たちが舞っている。この場のエネルギーを全身で感じると、ハートが開いていくのが自分でわかる。喜びで心が満たされていく。

カミーノは、毎日、毎瞬、感動の連続だ。ハートがどんどんクリアになっていく。その感動はひとりではなく、一緒に歩いているかすみんの感動も重なり、2倍3倍と大きく広がっていた。帰りはポサーダまでのぼり道だけど、バックパックがないから余裕だった。最高の気分でポサーダに戻った。

SPIRIT MESSAGE

心の喜びは拡大し周りへと伝染していく♡

## 古城ポサーダで夢のような時間

ディナーまでの間、絶景テラスのバーで、この地方の名産である緑のワイン（ヴィーニョヴェルデ）をいただいた。憧れの景色と美味しいワインに、ふたりしてすっかり上機嫌に。旅の相方であるかすみんは、普段は3人のお母さんとして忙しい毎日を送っている。「こんなにも自分の心のままに好きな時間を持てるなんて、本当に奇跡！宇宙からのギフトだよ」と感動して涙を流していた。お互いに一歩踏み出したからこそ得られた宝物の時間だよね。一度きりの人生、思う存分楽しまなきゃね。心に浮かんだアイデアや夢、言葉を流してしまわないように、自分でしっかり意識してキャッチしていくことが大切だね。ワインを飲みながらたくさん語り合い、ハートでの会話がとても心地良く、夢のようなひとときを過ごした。

ふとサロンの中を見ると、ライトアップされたステキな空間に、ピアノがポツンと置いてある。弾きたい！また新たなチャンスが訪れたのだ。スタッフに尋ねてみると、自由に弾いていいよとまたしてもあっさりとOKが出た。渡されたピアノの鍵は、まるで宝箱を開ける秘密の鍵のようだった。バッハとアヴェ・マリアを弾かせてもらうと、かすみんが「私も弾こうかな」といい出した。え?ピアノが弾けるの?聞いてみると、昔ピアノを練習していたんだとか。なんだぁ、それならギマランイシュでも弾けばよかったのに。美しい音色でピアノを披露してくれた。弾けるかどうかなんて問題ではなく、この奇跡の「場」でこうして弾くという経験が大切なのだ。

喜びで満ちた気持ちで、予約していたディナーへと向かった。レストランは少し照明が落ちて、より一層ステキな雰囲気になっていた。大きな窓から見える、ライトアップされてキラキラと輝くサンタルチア大聖堂の景色は、まさに特等席の特権だ。このポサーダはどこにいてもこの絶景が楽しめるけれど、この席からは、感動的な大聖堂が目の前に広がっている。
早速、ポルトガルの赤ワインをいただく。景色は刻々と変わり、空はピンクからパープルへと移り変わる。次回は絶対夫を連れてこなきゃだね！お互いそう心に誓ってディナーを楽しんだ。雰囲気も料理も最高に美味しくて、お腹も心も大満足。夢だったこと、やりたかったことが次々と叶う、というよりも、目の前に差し出されるといった表現の方がしっくりくる。まさに宇宙からのギフトに感謝があふれてくる夜だった。ありがとう。

SPIRIT MESSAGE

宇宙からのギフトは愛にあふれている♡

## 天使の街で教会めぐり

この日も私たちの朝はゆっくりスタート。ポサーダのステキな雰囲気の中、ビュッフェでの朝食を存分に楽しんでから出発だ。色とりどりのフルーツやパン、ハムが並ぶビュッフェを堪能しながら、この街の美しい景色を心に刻んだ。

まず最初に向かったのは、虹のゲートが迎えてくれる可愛らしい教会。8月にはロマリア祭りという巡礼のお祭りが行われる教会だ。期間中は街のあちこちで民族衣装のパレードも行われる。ピンク色で彩られた礼拝堂は、中世の美がつまった静かな空間が広がっている。祈りのための教会だけれど、神聖さと可愛らしさが融合し、虹のステンドグラスや美しい絵画はまるで美術館。地元の人が祈りを捧げる横で、私も巡礼の無事を祈りながら静かに過ごした。

巡礼中、この宝物のような時間が本当に好きだった。教会でゆっくり過ごすことで、この日のゴールもまた遅くなってしまうけれど、これでいい。私たちのカミーノを歩くのだから。さぁ、次へと進もう。

そう思って教会を出た瞬間、心地良い風がふわりと頬を撫でていった。同時に「ここで瞑想しよう!!」ふたりの直感で決まった。緑が美しい教会前の広場に座り、静かに目を閉じた。さっきの風はなんだったんだろう。すごいタイミングで、一瞬の出来事だった。こうして、ふたりでピンときた場所で朝の瞑想をするこのルーティンが、大好きになっていた。瞑想で感じたことをシェアする時間も、お互いの気づきを深めていく。感じることは違っても、核となる気づきの部分が同じこともあれば、相手の言葉からハッと気づかされることもある。いずれにしても心に響く時間なのだ。

街を進みながら、もうひとつ訪れたい教会へ向かった。巡礼で通る街はどこも観光地化されておらず、素朴で魅力的なところが多い。ヴィアナ・ド・カステロの街は、色とりどりの花があちこちに咲いていて、地元の人たちもどこかのんびりムード。またゆっくり訪れたいなと思いながら、街を歩いた。

## ハートの声を聴く

しばらく歩いて目指していた教会についたけれど、ドアは閉まっていて数人の巡礼者が入り口で残念そうにしていた。せっかくきたのに、残念だなぁ。この教会は絶対に自分の目で見て体験しておきたかった。近くにインフォメーションがあったので、寄ってみることにした。教会が閉まっていて残念だと伝えると、なんと、教会の鍵を開けてくれるという。なんてラッキーなの。残念がっていた巡礼仲間を急いで探しに行ったけれど、見つからなかった。仕方なく私たちだけで鍵を開けてもらい、中に入ることに。教会の壁一面が美しいアズレージョで装飾され、今まで見たことのない色彩の世界が広がっていた。あまりの美しさに言葉を失った。小さな教会だけれど、圧倒的な美と荘厳さが混ざり合い、感動を超えて心の底から震える。こうした心が震える経験を重ねることで、自分が作られていく。

アズレージョで埋め尽くされた天井を見上げ、感動していると、教会のスタッフの方が声をかけてくれた。「アズレージョがお好きですか?よければ、この教会のアズレージョを紹介した本がありますよ」と分厚い本を見せてくれた。わぁ!ステキ!欲しい!でも……。それでなくても重い荷物に苦しんでいるのに、こんな分厚い本を買ったら……。と一瞬、心を引き止める声がした。おっと、危ない。ハートに忠実でいようと決めていたのに、今、私の心は「欲しい!」って反応したのに。荷物が……。なんて、また流そうとしている自分がいた。

ハート＝スピリットの感覚や声を聞いて進めていくのに、そのあとに出てくる言い訳は一切必要ない。「欲しい」に忠実に従うことにし、アズレージョの分厚い本を購入した。荷物は一段と肩に食い込んできたけれど、帰国後、この本は大好きなアズレージョにいつでも触れられる一生の宝物になったことはいうまでもない。荷物の重さや肩の痛みさえも、良い思い出として心の宝物になっている。カミーノはまだまだ続くけれど、〝ここでしか買えない〟この場のエネルギーをまとった本を手に入れたのだ。日本に帰ってから、やっぱり買っておけばよかった、と後悔するよりも、荷物がまた重くなってしまうことよりも、ハートの声を優先してよかった。

雨が降っても本が濡れないように、ジップロックに入れて大切にバックパックにしまった。その重さはさらに肩に食い込んできた。でも、これでいい。これが魂の望みなのだから。

SPIRIT MESSAGE

最初に浮かんだ心の声を大切に。消してしまわないように♡

## もうひとつのミッション

この街にはもうひとつのミッションがあった。カミーノガイド本（Buen Camino! 聖地サンティアゴ巡礼の旅 ポルトガルの道）でも紹介している〝恋人たちのハンカチ〟や手しごとの刺繍雑貨で有名な場所でもある。旧市街にはそんな手しごとのお店がたくさんあると聞いていたので、楽しみにしていた。カミーノから外れないようにお店を探していると、迷子になっている巡礼者と出会った。この辺りでは黄色い矢印がわかりずらく、地面すれすれにある矢印は、集中していないと見落としてしまうことが多い。

旧市街を歩いて目指していたお店を見つけた。日本人が大好きだというおじさんがひとりで経営している民芸ショップだ。店内には色とりどりの刺繍雑貨が並び、まるで宝の山！可愛い雑貨や民族衣装、恋人たちのハンカチもたくさん並んでいる。本当に来てよかった。刺繍にあまり興味のない相方のかすみんも、可愛い雑貨にテンションが上がり、色々買ってしまうほどだ。

お目当ての刺繍雑貨を購入して帰ろうとしたら、巡礼の格好をしている私たちに、おじさんが小さな貝殻のブローチをひとつずつプレゼントしてくれた。貝殻は巡礼のシンボル。それをプレゼントしてくれたのだ。ふたりで涙が出てしまうほど感動した。巡礼中に出会う人たちのこうした小さな優しさにふれると、自然と涙がこぼれる。多くの人から受け取ったピュアな優しさを胸に、これからこの愛をどう循環させていこうかと考える。ただただ心が潤って満たされていた。ハートは周りからの愛であふれるくらい満タンになっていた。

## 一期一会

この街はカミーノポルトガルの道、海岸ルート沿いにあるので、そのまま海岸ルートに入ることもできる。けれど、私たちは川沿いを進んでセントラルルートへ戻り、ポンテ・デ・リマという巡礼者の多い聖地へと向かった。リマ川のほとりにある静かな美しい街。オープンカフェやレストランが多く、巡礼者たちが食事を楽しんでいた。ポルトガルの前半ではほとんど巡礼者と会わなかったのに、この辺りから急に増えてきたように思う。出発の時間がのんびりな私たちは、日差しが強烈な10時から15時の炎天下の中を歩いていた。ポンテ・デ・リマでは、さすがに倒れそうになり、日陰のカフェで休憩した。この時ばかりは本気で日傘を持ってくればよかったと後悔した。

歩くのが遅い私を、後から歩いてくる人たちはどんどん抜かしていく。「Buen Camino!」という声かけとともに。そのままそっと通り過ぎていく人もいれば、「どこからきたの？」と会話が弾んで少し一緒に歩くこともある。ご縁とは、本当に不思議なものだなぁと思う。それでも自分のペースで歩きたいので「またどこかで！」といってさよならする。べったりとしていない程よい距離感が心地良い。

そんなことを考えて歩いていると、反対の方向からニコニコと笑顔で近付いてくるふたりがいる。よく見ると、ブラガで出会ったローズとケビンだ！わぁ！また会えたね！まさかこんなところで会えると思わなかった。嬉しい！どうして逆方向から歩いてきたんだろう。実は、この日は巡礼をお休みしてポンテ・デ・リマに泊まり、ゆっくりと観光を楽しんでいるそうだ。お互いの近況を話しあって、さよならした。彼らはセントラルルート、私たちはスピリチュアルルートへ。それぞれ別々の道を進むけれど、またどこかで会えるといいね。

それぞれの速度で、別々の道を歩いているのに、こうして何度も再会する人もいれば、すごく仲良くなっても一度きりで再会できない人もいる。本当にさまざまな出会いがある。でも、ふと考えると、この地球上でこうして言葉を交わすだけでも奇跡のご縁なのだ。日本を離れ、相手は別の国からやってきている。お互い自国を出てヨーロッパの田舎の道で出会うなんて、意味がないはずがない。

出発の日が1日でもずれていたら？泊まる宿が違っていたら？朝の出発時間が5分でもずれていたら？ほんの少しの時間のズレがあると、絶対に出会えていないのだから。すべてのタイミングが重なり合って、この世界での「再会」を果たすことができたんだと思っている。そんなことを考えながら、ローマ時代の橋を渡ると、美しい景色が広がっていた。ハートが求めていた瞬間が「今」目の前にある。そっと心に残しておきたい豊かな瞬間だった。

SPIRIT MESSAGE

どんな小さな出会いにも特別な意味がある♡

## 神聖な森の中へ

ポンテ・デ・リマを出て少し歩くと、角を曲がったところにカミーノの矢印やシンボルがたくさん飾られたお店があった。ここではクレデンシャルにスタンプをもらえて、名物のおじさんが歌を歌い、自作の鐘を鳴らして巡礼の安全を祈願してくれる。私たちもお願いした。おじさんは毎日巡礼者の数をカウントしているらしく、2021年の8月からこの前を通った巡礼者の数が書かれていた。私が7732人目だった。3年間でこの道を通った人が約7000人とは意外に少ないなぁと感じた。人気のフランスの道ならきっともっと多いのだろう。

ここからは平坦なポルトガルの道で唯一の峠越えのあるルートへと入る。美しい葡萄畑のカミーノを進むと、あっという間に森に入った。川が流れる水の音と小鳥のさえずりが心地良く響き、緑のトンネルをひたすら歩く時間はキラキラと輝いている。

しかし、そんな道にも恐怖が訪れる。野良犬の群れが吠えながら道を塞いでいたのだ。まさかこんな場所で野良犬に脅されるとは。今にも飛びかかってきそうな勢いで吠えてくる。怖い……。恐る恐る進み、いざという時には登山用スティックで対抗する！と決めていた。こちらも負けじと大声を出しながら進むと、犬たちは吠えるだけで襲ってはこなかった。よかったぁ。ホッとしながら、緑の美しい村や森の中を歩いていく。森の中では変質者も怖いけれど、野良犬も恐ろしい。

誰もいない自然の中を歩く時間は、自然の大きさに飲み込まれそうな怖さも感じる。地図を持たずに歩くことにした私たちは、黄色い矢印だけを頼りに進んでいく。

## 救世主スーパーマリオの登場

途中、巡礼者が思い思いに石を積んだ、大きな十字架クルセイロがあった。私たちも手に持っていた石を置き、森の中を進んでいく。両側には葡萄畑が広がり、美しい緑に癒される。

小さな村を越え、再び森の中を歩く。歩いても歩いても進んでいる実感がない。炎天下で体力だけが奪われていく。背負った荷物が肩に食い込んで痛い……。あとどれくらい歩いたら次の村に着くんだろう……。景色を楽しむ余裕もなくなっていた。

時刻は17時になろうとしていた。周りを見渡しても、前にも後ろにも誰もいない。森の中を、私たちふたりだけが歩いている。そういえば、黄色い矢印も見かけなくなっていたような……。緑の道があまりにも気持ちよくて、ただひたすらに歩くことに集中していたら、また道に迷ってしまったのだ。ふたりとも疲れ果ててフラフラだった。でも、めげずに力を強く持って歩く。しばらく無言で歩いていたら、遠くに教会の塔が見えてきた。あの教会を目指そう！きっと誰かいるはずだ、と気力を振り絞って歩いた。しかし、そこには誰もいなかった。黄色い矢印も見当たらず、完全に道に迷ってしまった。けれど、クタクタで引き返す体力はもう残っていない。とにかくカフェか宿を探さなきゃ。暗くなったら大変だ。焦るばかりで周りにはなにもない。さて、どうしよう……。相方と途方にくれた。スマホは繋がらない。どうする？

するとと、そこにどこからともなく地元の人と思しきおじさんがこちらに向かって歩いてきた！まるで漫画から飛び出してきたような、アゴ髭を生やしたスーパーマリオのようなおじさんだ。急いで駆け寄った。英語もスペイン語も通じないけど、とにかく道に迷ったことは伝わった。おじさんは、ついてこい！とジェスチャーで私たちを道案内してくれた。まるで神様の使いだ！

カミーノで起こることは必然だといわれているけれど、疲れが出てくると目の前の出来事に振り回されて焦ったり不安に支配されたりしてしまう。ハートの中心にさえ入れば、なにも不安になることなんてないのに。そんなことを思い出しながら、おじさんについていった。どんな時もハートを信じる力を取り戻すのだ。

マリオみたいなおじさんは、少し歩いた先にあったカフェまで送ってくれた。ありがとう！！！手を振って帰っていった。あ。チップ渡すのを忘れしまった。この優しさは、次にどこかで返すことにしよう！

カフェでは地元のおじさんたちが仕事終わりのビールを楽しんでいた。普段は飲まないコーラを一気に飲み干した。疲れた体にしみわたっていく。へとへとだったカラダが復活していく。外は少し日が落ち始めていた。この時間から山道を歩くのは厳しい。足も限界だし、無理をせずにカフェのオーナーに車を手配してもらって宿へ向かうことにした。

## 動物たちと過ごす優しさに包まれた宿

宿ではオスピタレロの女性が待っていてくれた。こんな時間にチェックインする巡礼者は私たちくらいだろう。門をくぐると、広大なお庭が広がっている。庭というよりむしろ山だ。

クジャクが大きく羽を広げて私たちを歓迎してくれた。他にもたくさんの動物がいて、豚や馬、犬、猿、猫がたくさんいる！まるで動物園のような宿だ。こんな山奥に不思議な場所があるもんだな。オスピタレロのアナが敷地をひとつひとつ案内してくれる。彼女は自然や動物が好きで、この宿で住み込みで働いているそうだ。アナの後ろには動物たちも一緒についてくる。こんな自然に囲まれて暮らすのもいいな。宿のオーナーは旅好きなのだろうか？アジアの置物や、壁にはチベットのタルチョが飾られていた。

早速、汗だくの服を洗濯（手洗い）して外に干す。汗を流してスッキリしたらテラスで日記を書いたり猫たちと遊ぶ。猫はざっと集まってきただけでも30匹以上いて、ひとたび部屋のドアを開けると一緒に入ってくる。今夜は動物園の中で寝ることになった。

宿の周りにはレストランはなく、夕食もついていない部屋だけの滞在。今夜は日本から持参したカップ麺を食べることにした。かすみんと準備をしていると、アナが畑で採れたという新鮮なグリーンリーフをたくさん手に抱えて持ってきてくれた。なんてありがたいのだろう。新鮮な野菜と人の温かさにふれた夜だった。ありがとう。

食後はかすみんが得意のサルサを披露してくれたり、お腹を抱えて笑いながら楽しい時間を過ごした。彼女はいつも明るく笑顔で、ハートがあたたかくこちらまで元気をもらえる向日葵のような人。日に日に彼女からもパワーをもらって心がどんどん軽く広がっていくのを感じていた。

人生という学びの中で、日々どんな人と一緒に過ごすのか、自分の周りをプラスのエネルギー、高波動で固め、心に素直になれる人たちといることがどれだけ大切かを感じる。魂で共鳴する時間というのは何ものにも代えがたい貴重な時間。自分の大切な時間とエネルギーを常に拡大して使えるように、手の中にぎゅっと握りしめた、不要なものや惰性での環境、ご縁を常に俯瞰し、愛を持って手放し取捨選択していこう。カミーノでは毎日毎日学びと感謝の気持ちで1日を終えている。ふたりでいろんな話をしながら、明日は5時起きで6時には出発しようね。そう誓った。

SPIRIT MESSAGE

なにがあっても大丈夫。すべてはうまく流れているのだから♡

## 森の中のカミーノマジック

この日はニワトリの大きな鳴き声で目が覚めた。宿には朝食がついていなかったので、顔を洗ったらすぐに出発することにした。私たちには珍しく、誓い通り5時に起きて6時には出発することができた。今日は涼しいうちに目的地まで行けるかもしれない！まだ薄暗い朝靄の中、誰もいないひんやりとした空気を感じながら歩くのは最高に気持ちが良い。早朝出発もいいね！なんて、のんびり出発の私たちも、早朝の魅力に今更ながら気づいたのだ。

少し太陽が顔を出すと、小鳥たちが鳴き始め、いっせいに大合唱が始まる。それと同時に太陽の光が大地に命を吹き込み、生命が喜びに満ちて動き出す。最高の瞬間だ。かすみんとはそれぞれのペースで自由に歩いた。そういえば、黄色い矢印を見ていない。もしかしてまた道を間違えた?きっとそうだ。歩いても歩いても黄色い矢印が見当たらない。それどころか、他の巡礼者が全くいないのもおかしい。どこかで見落としてしまったのかな。

でも、今までのように焦っている私たちはいない。矢印のあるところまで戻ればいい。「全ては絶対大丈夫」これを内側にしっかりと信じる力がついていた。森の中、道無き道を進んでいく。すると、しばらく行ったところで先を歩いていたかすみんの大きな声が聞こえてきた。「あったー!!!やったね!でかした私たち!!」矢印をひとつ見つけたら、あとはそれを追いかけるだけだ。日に日に自分たちが強くなっていくのを感じた。

舗装された道路に入って1時間くらい歩いたところでカフェを見つけた。他の巡礼者は中に入らずそのまま進んでいく。私たちはここで朝食を食べることに決めた。地元のおじさんたちと一緒にテラスでクロワッサンとカフェコンレチェをいただく。パワー充電完了!

自分たちのペースでしばらく進んだところで、いつもの瞑想タイム。小鳥たちのさえずりを聞きながらの瞑想は、毎日のルーティンだ。ストレッチをして静かに目を閉じていると、親子の巡礼者が声をかけてきた。「君たち、数日前の宿でも瞑想していなかった？」えっ？いつだろう？緑が心地良くて寝転がったあの宿のことかな？

ポルトガルの道は巡礼者も少なく、道がいくつもに分かれているのに、こんな森の中でばったり会うなんて！これがいわゆるカミーノマジック?!カミーノを歩いていると、こうした不思議な出会いがよくある。思わぬ場所での再会や、奇跡のような出来事、そんなミラクルのことを「カミーノマジック」と呼ぶらしい。

フランスから来た親子、お父さんと娘のプリンちゃん。お父さんは以前、奥さんと一緒にカミーノを歩いたことがあり、その時にすごく感動したそうで、今回は親子3人でチャレンジする予定だったらしい。しかし、奥さんが直前に膝を痛めてしまい、娘さんとふたりで来たとのこと。親子で歩くカミーノ、ステキだな。またどこかで会おうね！Buen Camino! そういって別れた。ふたりとも笑顔がキラキラしていて、とても可愛い親子だった。

## 他人と比べない

石畳の凸凹道が続いている。朝は元気だったけれど、日差しが強くなるにつれて背中の荷物が重く、ずっしりと肩に食い込み体力が奪われていく。何度も休憩を取りながら小さな村に到着した。80代くらいのご夫婦が道端で楽しそうに休憩していた。「Buen Camino!」と笑顔で挨拶してくれる。なんて笑顔な笑顔なんだろう。ほっこりと心が温まる瞬間だ。この炎天下の中、あの年齢で歩くなんてすごい体力だなぁと感心する。

緑深い森に入っていくと、ベルギーから来たひとり旅の女性に声をかけられたが、歩くスピードが速くてすぐにお別れした。みんなの歩くペースはとてつもなく早い。私がのんびりしているのかわからないけれど、ついていくと足が壊れてしまいそうだ。私はゆっくりと自然を楽しみながらカミーノを歩いた。この辺りから今日の目的地であるヴァレンサまでの距離が表示される。背中と肩が限界になっていた私は、体の痛みに意識がいかないように、標識の数字が減っていくことだけに集中し前に進んでいた。

この辺りで出会う巡礼者はほとんどが軽装だった。カミーノ上の宿では、荷物を預けておくと次の宿まで運んでくれるポーターサービスがある。カミーノデビューの私たちは、最後まで自分の荷物を持つつもりだったので、今回は利用しなかったけれど、軽やかに歩きたい人や体調に自信のない人にはとても良いサービスだと思う。10kgの荷物がないだけで、とんでもなく楽に歩けるのだから。

私は相変わらず肩が痛くて、少し歩いては休憩を繰り返さないと進めない。その間にどんどん人に抜かされて、焦る自分が出てくる。

なにを焦っているんだろう、早く着くことが目的ではないのに。疲れてくると、他人と自分を比べてしまい、外側に意識が向いてしまう。そこで、ハートの中心に戻るよう少し休憩をとることにした。マイペースに歩くと決めているのに。抜かされたとしても、少し進むと抜かしていた人たちが道端で休憩していたり、トータルで見ればあまり差がないことに気づく。

全体を見渡せず、目先のことだけに意識が向いてしまうのは本当に無駄なこと。それを俯瞰できただけでよし！そうして意識を戻すと、目の前に広がる美しさに気がつく。オレンジ色の屋根の可愛らしい家々が並ぶ小さな村を通り抜けていく。とても穏やかな風景が広がっている。

そう思っていたら、突然雨が降り出した。緑の中で、キラキラと光る雨があまりにも美しく、私たちは宇宙からの恵みを存分に浴びた。最高の瞬間！後ろには馬がいて、こちらを見ている。自然と緑と雨と大地、その美しい奇跡の中に、私とかすみん、その場にいるみんなで光のダンスをしているようだった。

SPIRIT MESSAGE

周りと比べず自分の感覚を信じる♡ 本当は今どうしたい？？？

## 人生の大先輩にパワーをもらう

少し歩いていると白い藤棚が美しい道に出た。辺り一面に良い香りが漂っている。さっき早足で通り過ぎたベルギーの女性が、地面に座り靴を脱いで休んでいる。話を聞くと、足のマメが痛くなって歩けなくなったとのこと。少し休んでから歩くことにするといって、とても辛そうだった。マイペースで頑張ろうね！と声をかけて先に進んだ。今のところ、私は肩や足の裏の痛みはあるけれど、宿を出る前に保護テープや靴下でマメケアをしているおかげで、ひどくならずに済んでいる。マメがひどくなると、歩くこと自体がかなりの苦痛を伴う。膝を痛めている人も何人か見かけたけれど、みんな辛そうに歩いていた。サポーターやバンドエイドもぜひ持参することをおすすめする。

しばらく進むと、可愛いアルベルゲが見えてきて、サンティアゴまであと135㎞の標識もあった。暑くてクタクタだったので、カフェに入ることにした。すると、さっき休憩していた老夫婦もやってきて、少し話をした。彼らはマイペースに行けるところまでを目指しているそうだ。若い人たちはすごいねといっていたけれど、あなたたちの方がよっぽど素晴らしいですよと心の中で思った。私が80代になってカミーノをこうして歩く体力があるなんて、全く想像できないもの。元気に仲良く歩いている高齢のふたりを見て、たくさんのパワーをもらった。

そこからさらに石畳や森の中を2時間ほど歩くと、ポルトガル最後の街ヴァレンサが見えてきた。私は足の裏の骨が割れそうに痛んでいた。かすみんは肩の骨がもう限界だといっていた。お互いそんなボロボロ状態で、街が見えた時の喜びといったら、今でも忘れることができない感動の瞬間だ。

街が見えてからが驚くほど遠くて、見えているのに近づかないという不思議なループにはまっていた。さらに2時間ほど歩いて、最後の坂をヒィヒィいいながらのぼりきると、やっと城壁の門が見えてきたのだ。遠かった。アズレージョの可愛らしい建物が建ち並び、お土産屋さんもたくさんある久しぶりの大きな街ヴァレンサ。ここで遅めのランチを楽しむことにした。

## バイバイポルトガル

この街でいよいよポルトガルともお別れの時が来た。最後にポルトガルらしいごはんにしようと思い、ポークステーキとシーフードリゾットを選んだ。そして、お疲れ様のビールも。ここから国境橋を歩いて渡り、ついにスペインのガリシア地方に入る。なんだか寂しさとワクワクが入り混じった不思議な気持ちになる。

ヴァレンサの街を出ると、仲良しそうなカップルに出会った。女性はオーストリアからひとり旅をしている旅人で、男性はドイツからカミーノへ来た旅人。彼らはついさっき会ったばかりなのに、意気投合して一緒にカミーノを歩き始めたそうだ。初対面なのに、すぐに仲良しになれるなんてすごいな。私は初対面に限らず人との境界線をある程度キープするところがあって、すぐにうち解けるのがすごく苦手だ。

相方のかすみんにしても、誰とでもすぐうち解けて仲良くなるのが上手だ。そんな彼らの姿を間近で見てきたことで、自分の中でバウンダリーを少し緩めるきっかけになった。目の前の出来事からたくさんのメッセージを受け取れることに感謝しながら、ジャスミンが咲き誇るヴァレンサの街をあとにした。

ポルトガルとスペインの国境は、橋を渡るだけだ。橋のポルトガル側で写真を撮っていると、女子ふたり組みに声をかけられた。彼女たちはポーランドからきたベロニカとアン。見た目は可愛いけれど、性格は男勝り！アルベルゲが満室の時は、野外でテントを張って寝ることもあるらしい。なんてパワフルなんだろう。メソメソなんていってられない、と羨ましくもあり彼女たちからとても勇気をもらった。

いろんな国を旅してきた私だけれど、歩いて国境を越えるのはこれが初めて。橋の上に書かれたボーダーライン。消えかかったラインを越えていくと、あっという間にガリシアのトゥイに入った。この日は26㎞歩いて足がもうヘトヘト。トゥイのパラドールに向かい、カフェに入ったけれど、ふたりとも足がパンパンで、普通に座って立ち上がるのも一苦労。ヨロヨロのおばあさんみたいになっていた。お互いの様子を見て大笑い。もう見た目とかどうでもよくなっていた。

この日は、相方かすみんとは別々の宿に泊まる。ずっと一緒にいたから、なんだか寂しさがこみ上げてきた。家族以外の人と、こんなにも長い時間を過ごすのは初めてだもの。不思議だなぁ。ご縁って、本当に不思議。まるで奇跡だね。ありがとう。そんな気持ちでつかの間のお別れだ。かすみんは初のアルベルゲを体験しにいった。

## 宮殿パラドールでの気づき

部屋を案内してもらうと、思っていたより狭くて眺望もイマイチ。どうもワクワクしないなぁとテンションが下がった。スペインのパラドールということで期待していたのに、こんな感じなの……？フロントにいって部屋を変えてもらおうかな、と一瞬思ったけれど、荷物をもう一度持ち上げる気力がなかった。でも、心はこの部屋にワクワクしない。それなのに、まだだ、ハートの声を流してしまうところだった。ハートはこの部屋にワクワクしていないというサインをちゃんと送ってくれているのに。

よし！と最後の力を振り絞って立ち上がり、バックパックを持ってフロントへ向かった。すると超過料金は少しかかるけれど、景色の良い部屋がひとつだけ空いているとのこと。すぐに変更してもらえた。そうして案内された部屋には、大きなテラスがあり、荘厳なカテドラルが真正面に見える。イメージしていた通りの最高の部屋！

あのままリュックが重いからと我慢していたら、きっと楽しくない滞在になっていたはず。つい疲れていたりバタバタと過ごす中では、ハートの声が届いていても流してしまうことがある。ハートの声を無視しなくてよかった。こんなご褒美が待っていたんだもの。美しい景色を眺めながら感動に浸っていた。

ハートの声を大切にするということは、こうしたひとつひとつの小さな声を丁寧に見つめ直すことだ。日常生活では、この大切な声がかき消される要素がもっと多くなる。

だからもっともっと丁寧に自分のスピリットの声に耳を傾けることを心がけようと決意した。

そんなことを考えていると、突然、周りが真っ暗になり、バケツをひっくり返したような大雨が降りだした。歩いている時でなくて本当に良かった！かすみんは大丈夫かな？と思い連絡を取るとギリギリセーフだったみたいでホッとした。どこまでもついている私たち。レインコートを着ていても、この雨では荷物もなにもかもがびしょびしょになってしまう。

スコールのような雨はあっという間に過ぎ去り、雨が上がると心奪われる美しい空が広がった。ポルトガルから橋を渡っただけなのに、天気も時間も言葉も変わる。その変化を肌で感じる贅沢な時間に感謝が湧いてくる。さあ、明日はこの部屋から見えている丘の上のカテドラルを訪れて、また新たな巡礼が始まる。

SPIRIT MESSAGE

どんな時も自分のハートに忠実に。そっと耳を傾けて♡

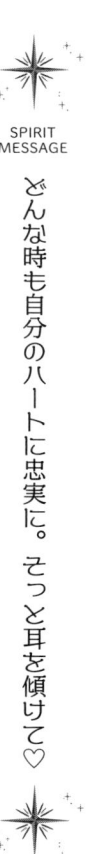

## Column　魂の友が感じたもうひとつのカミーノ

出発当日、カミーノ出発地点に選んだポルトガルのポルトまで、バルセロナからは飛行機でたったの55分。普通の旅行なら行ってくるね！で終わるはずのお別れなのに、カミーノに行くとなっては夫婦揃って神妙な儀式のようになってしまった。なにが起こるかわからないけど、必ず成長して帰ってくるから！うん頑張って！お互いに覚悟を決めた瞬間だった。気づいたら涙がこぼれていた。それは夫との別れのようで、実はこれまでの私とのお別れだったのかもしれない。

ポルトに着いた翌日、5年ぶりに再会したYUKAちゃんは以前よりも軽いエネルギーをまとっていた。感覚に素直に、ハートに従って生きてる仲間との旅はとても自由で、と同時にとても繊細だ。自分の思いや感情にフタをせずに受け止める覚悟を持つということは、相手の感情や思いも最大限にリスペクトするということ。自分も目の前の相手も、この世界も全てはワンネス、みんな繋がっている。人にしたことは自分に返ってくるし、自分が自分にしたことも、世界から自分に返ってくる。

カミーノでは、自分のペースで歩く、心地よく感じる人との距離を保つ、自己対話を深く続けていくことが大切。これは一緒に歩く仲間や、出会う人々、さらにはカミーノを超えて全ての存在への愛ある関わり方だと思う。自分の内側が整っていると、自然と現実世界にも調和が生まれ、優しい世界が創造される。あなたはなにがあってもなくても愛されているし、祝福されている存在。そんな存在状態で、世界中から人々が歩き続けていたら、もうこれは世界平和そのものだろう。そんなことを感じながら歩いていた。

ちなみにこの頃、YUKAちゃんのスーツケースの回収と目的地までのお届けを依頼していた配送会社からやっと連絡があり大喜び！実はこの一件でかなり議論を交わしていて、最終的には損得勘定を超え本当の目的＝ゴールに意識を向け、現状を受け入れ執着を手放していたら最高の結果が出た。一気にエネルギーがスッキリ！お金にかかわることは蔑ろにせずに丁寧に相手にも自分にも寄り添おう。必ず道は拓けていくよ！この一件のおかげで、ふたりの絆がまた深くつながった気がした。

# Chapter 4

## Camino Portugués

## スペイン

Portugués Way

Camino de Santiago de Compostela

## 魂の再会とそれぞれの巡礼

トゥイのパラドールにいたほとんどの宿泊者が、アメリカからの巡礼ツアーで訪れているようだった。重い荷物はツアーバスが運んでくれるため、軽装で巡礼できるのが人気の理由らしい。かすみんと朝食ルームで合流し、一緒にパラドールの朝食を楽しんだ。この日ももれなくゆっくりスタートの私たち。朝をゆっくりスタートするということは、最も厳しい炎天下の中を歩くということ。しかし、私たちは目の前の「今、やりたいこと」を優先しているから、先に待ち受ける苦しさは、今は、まったく気にならない。

荷物を背負い、部屋から見えた丘の上のカテドラルへ向かった。石造りの重厚な雰囲気が漂う中世の街トゥィは巡礼者で賑わっていた。ここから残り100㎞ほどでサンティアゴ・デ・コンポステーラに到着できるということもあり、気軽にチャレンジするのに最適なスタート地点として人気がある。街は巡礼の雰囲気につつまれ、あちこちにカミーノのシンボルがある。

カテドラルまでは坂道をのぼっていく。旧市街に入り路地を曲がったところで、なんと！数日前に森で出会ったプリンちゃん親子にばったり再会！こんなタイミングでまた会えるなんて！抱き合って喜んだ。ほんの数分、なにかのタイミングが違っていたら、こうして出会うことなんてできなかっただろう。一本違う道を歩いていたら、再会することもなかったのだ。まさに神様からのギフト。カミーノマジックだね。しばらく話をしていると、彼らの装備が身軽になっていることに気づいた。ポーターサービスでも利用しているのかと思ったら、今日は巡礼をせずに街をゆっくり観光するとのこと。そんな1日があってもいいね。それぞれの楽しみ方で巡礼をクリエイションしていくって素晴らしいと思う。楽しんでね！またどこかで。Buen Camino!

## 瞑想と気づきのシェア

中世の街を散策しながら大聖堂へ向かった。丘の上の広場に出ると、ゴシック様式のファサードが美しいカテドラルが目の前に現れた。部屋から見ていた大聖堂が、目の前にある。疲れも吹き飛ぶほどの美しさに圧倒される。さっそく中に入り、クレデンシャルにスタンプをもらった。豪華な煌びやかさはないものの、静寂の中に心が安らぐ空間が広がっている。バロックオルガンもあり、静かな祈りの場として神聖な雰囲気が漂っていた。ここでは庭園の回廊を見学したり、塔に登ることもできる。塔の上からはトゥイの美しい街並みを一望できておすすめだ。ゆっくりと思い思いの時間を過ごすことにした。こうして素晴らしい中世の教会や修道院を訪れることができるのはカミーノの魅力のひとつだとつくづく感じる。観光ではなかなか訪れることのないような場所を歩いて旅できるのもカミーノの醍醐味だと思う。

途中、大きな木が風に揺れている心地よさそうな場所に着き、「ここにしよう！」と同時にピンときて、瞑想をすることにした。大きなエネルギーを感じる木の真下に座り、瞑想タイム。さっきまで吹いていた風がピタリと止まり静かな空間ができた。ほんの少しの時間だけれど、目を瞑って呼吸を感じながら静かに瞑想するひととき。この日も最高に気持ち良かった。なによりも、ふたり同時にピン！とくるのが毎回すごいなと感心する。しばらく瞑想した後は、お互いの気づきをシェアする。せかせかと考え事でいっぱいになった心が、ふんわりと癒される時間になっていた。

小さな村をいくつも越え、絵本の中のような景色を歩く。古い石塀の足元には、春の日差しを浴びて嬉しそうに咲くエリゲロンの花がゆれていた。可愛い。目に映る景色や五感で感じる全てに「幸せ」を感じ、胸がいっぱいになる。

SPIRIT MESSAGE

心を整えることで自分の周りの波動は上がっていく♡

## 愛と優しさのおすそ分け

村を出ると、あっという間に森へと入っていく。そういえば、水を買うのをすっかり忘れていた。どこかでお水を手に入れなきゃ、と思いながら森に足を踏み入れてしまった。緑がどんどん深くなっていく。ペットボトルには半分ほどしか水が残っていない。前を歩くかすみんの背中を見つめながら、喉が渇いて焦っていた。どうしよう、水が足りないかもしれない……。案の定、最初の休憩で水は尽きてしまった。水飲み場も見つからず、どこかにカフェがあるだろうなんて軽く考えていたのが甘かった。どうしよう、ここまで来たのにまたトゥイまで戻るのは無駄だし、進むしかない。

また不安と焦りが心を支配し始めた。しかし、それに気づけている自分がいる。落ち着こう。どこかでカフェを見つけたらすぐに入ろう！絶対あると信じよう！そう信じて2時間ほど歩いた。喉はもうカラカラ。小さな集落に着いたけれど、カフェは見当たらない。村の人も誰も歩いていない。集落を駆け巡ってやっと一台のトラックが止まっているのを見つけた。中に人がいる！急いでかけ寄り、おじさんに声をかけた。水がなくて困っていると伝えると、閉まっていたカフェの裏口に入り、中にいた人に事情を話してくれた。おじさんは急いでいたのか、そのままトラックに乗って去ってしまったけれど、まさに命の恩人だ。ありがとう！

カフェのスタッフらしき人は、冷蔵庫からキンキンに冷えたボトルのお水を2本プレゼントしてくれた。チップを渡そうと、なんども試みたけれど、いらないといって一切受け取ってくれなかった。それどころか、最高の笑顔で「Buen Camino! 良い旅をね。頑張るんだよ」と力をくれた。突然訪ねてきた旅人を笑顔で迎え、冷たいお水を無償で与え、さらに励ましてくれるなんて、なんて愛にあふれた優しい世界なんだろう。カミーノを歩いている間、こうして周りから助けられてばかりだ。

私はこうして人に優しくできているのだろうか?もし、家に知らない人がたずねて来て、こんな風に愛のある対応ができるだろうか?トラックの運転手さんも急いでいるのに助けてくれて、感謝の気持ちでいっぱいになった。この人たちのおかげで喉の渇きも潤せて、ハートは愛で満タンになった。ふたりで感動と感謝で泣きながら森に入った。たかが水1本。けれど、その中には人の優しさと愛が一生分つまっていた。

SPIRIT MESSAGE

優しさと愛はキセキのように循環していく♡

## カミーノでの出会い

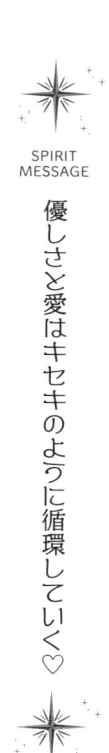

スペインに入ると、天気が目まぐるしく変わる。この日も朝から不安定な天気だった。突然の雨に備えて、休憩中にレインコートを着ることにした。すると、途端に晴れ間が見えてきて、脱ぐのも面倒になりそのままで歩き続けた。

雨上がりの森を歩くと、木々の香りが心により深く入り、思いっきり深呼吸したくなる。ガリシアはユーカリの木が多く、雨上がりは、とくに辺り一面に香りが広がっている。まさに宇宙から与えられた自然の森林浴。最高に気持ちが良いカミーノだ。この辺りから「最後まで歩けるだろうか？」という不安はなくなってきていた。健康に歩けていることに感謝しながら進むだけだ。森の中の黄色い矢印は木の枝や大きな岩に描かれていて、まるでゲームみたいで楽しい！山を越え、林を抜けると、花に囲まれた舗装道路が現れた。色とりどりの花が咲いていていてとても可愛い。ウキウキしながら進んでいると、ついにカフェを発見！この日出発してから初のカフェだ。

店内は、巡礼者で賑わっていた。外の席に座り休んでいると、こちらをみながら微笑んでいるふたりが声をかけてきた。彼らは星読みをしているブラジルからの巡礼者だ。ふたりともあごひげを生やしていて、体格も良いけれど、どこか柔らかな雰囲気を醸しだしている。「君たち、カラフルな服を着てニコニコ幸せそうだね。ゆっくり話をしようよ！」って、私たちそんなニコニコしている？ 自分たちでは気がつかないけれど、心が喜びで満ちているから自然と顔にも出ているのかしら。

なぜか魂の出会いについて盛り上がった。出会うべき人とは、どんな場所であれ必ず出会う運命にある。そして会った瞬間、初めて会った気がしないのも魂の再会を意味している。ハートで生きる人たちとは必然的に繋がる。

そんな話題で盛り上がった。日本から遠く離れたブラジルの人と、スペインの田舎のカフェでハートで会話ができるなんて、まるで時空を超えたドラマのようだ。彼らはこの後、ここから20㎞以上も歩くという。ビールの大ジョッキを3杯も飲んで、そんなに歩けるなんてすごい！またどこかで会えるといいねといって別れた。

カミーノって人生そのものだ。ポルトガルの道だからかどうかはわからないけれど、年配の方が多い印象で、そのせいかみんな優しく接してくれる。人の優しさにふれる時間が多く、この愛をどう活かしていこうかと考えるきっかけになる。ひとつひとつのご縁に執着しないで、大切に思う心を持って自分を信じていれば、本当に必要なご縁はこうして必要な時に目の前にやってくる。そうして魂の再会を繰り返していくのだと思う。

## 目の前の人から学ぶこと

この日はポンテベドラに行くことに決めていたが、このまま行くと時間が足りなくなることは明らかだった。そこで、オポリーニョからバスでビーゴへ、そこからAVEに乗ってポンテベドラへと向かうことにした。ビーゴの駅は久しぶりに訪れる大都会で、毎日、山の中や田舎の村を歩いていたため、完全におのぼりさん状態。華やかなショップやカフェのネオンに目がチカチカする。歩くと1日かかる距離も、電車ならたったの20分！今頃、あの山の中をみんな歩いてるのかな？なんて考えながら、あっという間にポンテベドラに着いた。巡礼者が多いこの街には、あちこちにアルベルゲの標識がある。この日の宿には洗濯機もあり、手洗いから解放されたので、早速大量の洗濯物を洗うことにした。乾くかどうかは考えず、今洗いたい気持ちだけが優先だ。

その間に街の巡礼スポットへ向かった。巡礼者のための教会があり、ホタテの形をした教会として巡礼者に人気のパワースポットだ。教会に着くと、幸運にもちょうど巡礼ミサが始まるところだった。「巡礼ミサに参加する」ということもバケットリストに入れていたので、またひとつ夢が叶った。嬉しい！

　巡礼者たちが次々と集まり、教会はすぐに満席になった。1時間ほどの巡礼ミサでは、神父様からブレッシングを受け、旅の安全を祈ってもらった。教会に響く歌声は、魂の奥底から震えるような、なんともいえない不思議な感動がある。全てが流れにそって進んでいることを実感する感謝の時間になった。

　ミサの後、夕食を食べるためにバルを探した。けれど、どこも満席で帰ろうかと思ったその時、テラス席にいた年配のご夫婦が隣の席を譲ってくれた。おしゃれな服装だったので観光客かと思ったら、アンダルシアのセビーリャから来た巡礼者だった。一緒に食事をしながら、いろいろな話をした。「僕たちのカミーノはただ歩いているだけの巡礼ではないんだ。歩きながら考え、自分と向き合って、これは僕たちの大切な心の旅なんだよ。」と、清々しい笑顔で語ってくれた。

　日本から遠く離れたスペインの田舎のバルで、同じ考えを持つ人とこうして語り合えるなんて、宝物のような時間だ。どんな目的でカミーノを歩いたとしても、同じ思いを持つ人たちとは不思議と赤い糸で結ばれ、必要な時にこうして出会うようになっている。そして、その人たちの言葉から、人生にとって心の奥深くに響く大切なメッセージをもらっている気がする。

SPIRIT MESSAGE

魂の再会をじっくりと味わう♡

1本のお水がくれた感謝と感動！

ギマランイシュでのカミーノマジック！
教会でオルガンを弾かせてもらうという奇跡

## *Column*　魂の友が感じたもうひとつのカミーノ

カミーノマジック、巡礼の間に起こる数々の奇跡とシンクロニシティー。この一瞬というタイミングは奇跡のようで、実はいつもそばにある日常でもある。本当は誰もその奇跡を逃してはいないのだ。まるで人生のように、出会うべき人に出会うべきタイミングで出会い、また離れては再会する。

カミーノでは、自分の課題や向き合ってることを再体験したり、向き合わされたりとなかなか忙しい！（笑）ひとつひとつをクリアしていかないと次の学びに進めない感覚さえある。かといって強制ではなくて、全ては自分次第だから、ゆるく行くこともできるし、大きく心の成長を体験することもできる。まるで人生の全てをギュッと詰め込んだような旅なのだ。

ＹＵＫＡちゃんとは、その感覚を信じて流れに乗るという実験をどんな時も採用していた。目印の黄色い矢印が見当たらない道も、こっちに行ってみたい！と感じればそちらに進む。旅路の途中、よくＹＵＫＡちゃんに言われていたのが「かすみんはどうしたいの？どう感じてるの？」ということ。その都度、他の誰かのアドバイスや世間の常識よりも、私自身が何を感じているか、本当はどうしたいのかが大切だということを思い出す。私自身の思いや感覚を内側のハートからたくさん引き出してもらった。

この旅で魂と心に寄り添った対話ができ、思いっきり楽しみながら本当の自分を表現できたのは相方がＹＵＫＡちゃんだったから。本当に本当に心から感謝してるよ。ありがとう♡

歩き疲れたら道端で休憩していた

大好きになったポルトガルの道！

サンティアゴでは２年連続で
かすみん BD のお祝いを♡

# Chapter 5

Camino Portugués

# スピリチュアルの道

Portugués Way
Camino de Santiago de Compostela

## 神聖なスピリチュアルの道へ

この日は、これまで歩いてきたポルトガルの道のセントラルルートを離れ、スピリチュアルルートという道を歩く。このルートは、ポンテベドラから西の海岸をまわり、峠を越えて、神聖なパワースポットのあるアルメンテイラを訪れる。そこから、美しい自然が続く石と水のルートを抜け、パドロンまで、サール川をボートで巡礼するという珍しいカミーノだ。なんでも、この希少なルートは聖ヤコブの遺骸を乗せた船が通ったとされる重要な道だそうだ。ふたりとも朝から興奮気味だった。

ポルトガルの道を歩く人の約1割しか進まない特別なルートを選んだ私たち。この道を歩くと決めた時、どんな道なのか、どこに泊まるのか、調べてみたけれど、ガイドブックや歩いた人の情報はほとんど見つからなかった。そのおかげで、今回、こうしてカミーノ本（スピリチュアルの道）をつくりたいというアイデアが降りてきたのだ。

朝食には、昨日買ったパンにトマト、ハム、チーズを挟んでボカディージョを作った。さらに、余ったバゲットでお昼のボカディージョも準備完了。今日は、なにかキセキでも起こるのだろうか？のんびりスタートの私たちが早朝に出発することができた。

ポンテベドラは歴史ある雰囲気が漂う中世の街並みがとてもすてきなところ。またゆっくり訪れたい街のひとつになった。早朝にもかかわらず、バックパックを背負った巡礼者がたくさん歩いていた。意外にも女性のソロ巡礼者が多く、次のカミーノはひとりでチャレンジするのもいいなと思った。

旧市街を歩いていると、巡礼者が引き寄せられるようにして入っていくカフェを見つけた。雰囲気も良さそうなので、ここで少し休憩することにした。トイレ休憩を兼ねて、クレデンシャルにスタンプをもらう。クレデンシャルが裏も表もいっぱいになってきた。どこかで新しいものを買わないとね。たくさん歩いてきた証としてクレデンシャルは記念になるし大切な宝物だ。雨に濡れないようジップロックに入れて、大事に持ち歩いている。

そういえば、巡礼中は山の中にトイレがないので、こうして大きい街を出る前にカフェで済ませておくのが賢明だ。とはいえ、急な時には青空トイレも致し方ない。私もすでに青空トイレを経験済み。カフェを出ると、次々に可愛い矢印が出てくる。巡礼の聖地だけあって、矢印のデザインも多彩で楽しい。

## 自分の枠を超えた人との出会い

ポンテベドラの街を出て、大きな橋を渡る。ポルトガルとは違い、スペインのガリシアに入ると巡礼者が途切れることがない。皆、軽装で楽しそうに歩いている。しばらくイギリスから来たマイクと一緒に歩きながら話をした。会話しながら歩くのはなかなか難しい。

話している間に、目の前の大切な一瞬がただの背景になってしまう。だから、景色をじっくり感じながら旅したい時はひとりでいるのがいちばんだと思う。相方のかすみんとは、話したい時に話し、ひとりになりたい時には、お互いその距離感を理解しながら旅できるのが良い。

そんなことを考えながら歩いていると、ふと目の前を歩いている女性に目が留まった。なんと、ベビーカーを押しながら歩いている!!!えーーー!?うそでしょー!!!!中を覗くと、当然ながら小さな赤ちゃんが乗っていて、今年生まれたばかりだという。赤ちゃんを連れて、ベビーカーを押しながらカミーノにチャレンジしているの???生まれたばかりの赤ちゃんなんて、お世話するだけでも大変なのに？お母さんは、きっと一番大変な時期じゃないの？

またしても自分の中にあった枠がパカーンと外れた。女性ひとりでカミーノを歩くのも勇気があるなって思うけれど、赤ちゃんを連れてこの道を歩くだなんて、どれだけの精神力の持ち主なんだろう。すごい！としか出てこなかった。私自身、ひとりで歩くだけでも精一杯なのに、ベビーカーを押しながらどうやってあの大変な山道や峠のぬかるみの中を歩いてきたんだろう？私の頭の中には「そんなの絶対無理！」しかなかった。でも、実際にこうして成し遂げてきた人が目の前にいるのだ。

ひとつひとつ私の中の固定観念や枠が外れていく。カミーノって本当にいろんな人がいるなぁ。慣れてきたとはいえ、それでも彼らのような精神の持ち主を目の前にすると、もう、なにも自分の人生に言い訳なんてできなくなる。それぞれの旅のスタイルがかっこよすぎて痺れるのだから。

SPIRIT MESSAGE

なんでもあり。人生は楽しんだもの勝ち♡

## 奇跡のスピリチュアルルート

ガリシアは、穏やかな村々や、人々の暮らしを感じさせるゆったりとした時間が流れている。家のポストや標識には十字架やカミーノのシンボルサイン、壁一面にホタテ貝が貼られていたり、街の人々がカミーノ巡礼を誇りに思っている様子が伝わってくる。街で見つけたモホンには、サンティアゴまであと64㎞と書かれていた。あと3日ほどでゴールだ。よく歩く人なら2日で到達できる距離だろう。

緑豊かな道をしばらく進むと、大きなカミーノの看板が出てきた。ここからカミーノポルトガルの道が、セントラルルートとスピリチュアルルートに分かれる。ほとんどの人たちは右に曲がり、セントラルルートへと進んでいった。左に進んでスピリチュアルルートに入るのは、他にもうひと組だけだった。私たちはこの道を歩くと決めていたので、皆に別れを告げて左へ進んだ。

巡礼者が一気に減り、静かなポルトガルの道が再び始まった。古い線路を渡り、小さな集落の可愛らしい家々を眺めながら歩く。普通の旅ではきっと訪れることのない小さな村を、こうして自分の足で歩いて進むことができるのがカミーノ最大の魅力だと思う。

スピリチュアルルートに入ると、サインも黄色い矢印から少し変わり、貝殻にクロスが入ったかっこいいデザインになった。しばらくして道端でいつもの休憩タイム。宿で作ってきたボカディージョを食べる。安定の美味しさだ。これだけで心が満たされていく。

人生の喜びは決して大きいことだけではなく、こうした小さな喜びに、どれだけ心が満たされているか、にいかに気づくかが大切だと思う。誰かに認められることや、なにかを必死に追い求めることではなく、自分だけの本当の喜びを思い出すこと。そうすると、目の前にはとびきり優しくてあたたかい世界が広がっていることに気づく。自分に集中し、自分だけの「幸せの形」を見つけることができれば、最高だと思う。

## 森の中でアーシング

イタリアからやって来た3人組のマダムが声をかけてきた。彼女たちは皆、リュックに靴をぶら下げていて、かなり大きめのバックパックを背負っていた。荷物は増えるけれど、毎日、トレッキングシューズと軽めのスニーカーを交互に履き替え、足に負担をかけないように歩いているそうだ。確かに、山の中ではトレッキングシューズが歩きやすいし、街中では軽いスニーカーの方が快適だよね。そこまで考えながら歩いているってすごいな、と感心する。またどこかで会えるといいね、と軽く挨拶を交わして別れた。そういえば、帰国して写真を整理していたら、なんとこの3人のマダムともこの日出会う前に別の場所で会っていたことがわかった。写真にはしっかりと3人が写っていたのだ。これもカミーノマジックの仕業かな。

スピリチュアルの道に入り、いくつも村を越えて森に入っていく。森の中では道がわかりにくいところもあり、何度か迷いそうになった。けれど、最初の頃のように不安にならず「スリル満点の冒険だね！」とワクワクしながら進んでいけるようになっていた。なぜか絶対大丈夫という安心感に包まれていた。日に日に、心が強くなっていくのを実感する。気の持ちようひとつで現実は変わる。いつも明るく前向きな生き方が私は好き。自分自身そうありたいと常に思っている。相方かすみんと旅をすることで、いろいろな気づきを感じている。

シダの葉が生い茂る道を歩くと、ハーブの爽やかな香りにつつまれて、まるで地球と一体になるアーシングのようで気持ちがいい！その香りは皮膚や鼻の奥を通り抜け、脳の奥深くまで届くような心地良さがある。何度も深呼吸をして、思い切り吸い込んだ。市販のアロマとは比べ物にならないほど、何倍も癒される香りだ。

小鳥たちに導かれながら心地の良い道を進んでいくと、やがて葡萄畑を抜け、森へと入る。誰もいない森の中は驚くほど静寂につつまれていて、風の音や小鳥たちのさえずり、葉っぱの揺れる音だけが心地良くハートに届いてくる。なんて気持ちの良い時間なんだろう。もう、毎日毎瞬、同じことをいっているけれど、森の中で過ごす時間というのは、何ものにも代えがたい特別なひとときだと思う。いや、もっと深い魂の癒しかもしれない。

SPIRIT MESSAGE

**いつも大きな光に守られている♡**

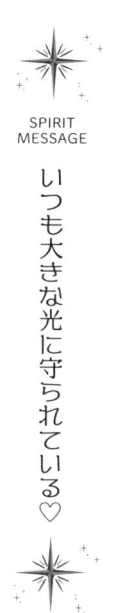

## お手製クレデンシャル

森を抜けてしばらく進むと、凸凹した山道を下り始めた。荷物を持っていると、膝に負担がかかる。ゆっくりと慎重に下っていくと、美しい中世の教会に出た。教会はしまっていたけれど、「ここいいね！」とまた同時に思った場所。早速、瞑想をすることにした。不思議とお互いピン！とくる場所が同じだから、瞑想場所に悩むことがなかった。この瞑想の時間ももうすぐ終わるのかと思うと、少し寂しい気持ちになる。あと数日で絶対ゴールがくるのだから。終わりまでのカウントダウンが始まっていた。

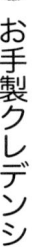

しばらく歩くと可愛いカフェがあったので、入ることにした。さっきまで森の中には誰もいなかったのに、カフェでは数名の巡礼者がくつろいでいる。みんな、どこを歩いてきたんだろう？？？他にも道があったのかしら？前後に誰もいなかったのに不思議だ。

このカフェでは、スペインでは珍しいカプチーノがあった。久しぶりのアワアワカプチーノを飲んで、幸せ気分に浸る。今まで入ったカフェでは普通のカフェコンレチェ

（コーヒーにミルクを足したもの）しかなかったから、嬉しいサプライズだった。こんな小さなことひとつが、毎日とても幸せに感じられた。こうした小さな積み重ねが、やがて大きな奇跡を目の前に広げてくれるのだから。小さな幸せを流れに流さないでしっかりと感じていきたい。

くつろいでいたら台湾からきているご夫婦が話しかけてきた。ふたりとも真っ黒に日焼けしている様子からして、きっとリスボンから歩いてきたのだろう。奥さんのシャーロットは、人懐こくてよく喋る。久しぶりのアジア人に会ったことで、なんだか懐かしい気持ちになった。ポルトガルの道だからか、時期的なものかはわからないけれど、日本人どころかアジア人に会うことがあまりなかったのだ。

シャーロットが自慢のオリジナルクレデンシャルを見せてくれた。それがあまりにも素晴らしくて、少しカフェに寄るだけのつもりだったのに、なんと1時間以上も話し込んでしまった。

彼女のクレデンシャルは、教会や修道院のイラストを自分で手書きで描き、そこにハンコを押してもらうスタイルだ。カミーノを歩きながら、どうやってそんなに細かく描けるのか不思議に思っていたら、台湾で描いてきたものや、その日の宿で描くこともあるそうだ。どれも旅心があってとてもステキだった。

そんな話をしていると、「オリジナルのハンコを押してあげる！」という。バックパックから取り出してきたハンコは「幸せ」「平安」「旅の安全」と漢字で彫られていた。漢字好きな欧米人はきっと大喜びだね！なんて素晴らしいアイデアなんだろう。愛にあふれた発想で、みんなの喜びが循環していくね。カミーノを歩く時、こうしてステキなアイデアを共有するのは、素晴らしいことだなと思った。次回は私もなにか考えてみよう！旦那さまと４人で記念撮影をして、さよならした。

## 五感をフルに大地を感じる時間

カフェを出て少し歩くと、ステキな村にたどり着いた。まるで、絵本の中の物語に迷い込んだかのような、可愛いらしい風景が広がっている。オレンジ色の屋根の家々、黄色い花が咲く広い草原、石壁にはエリゲロンの花がびっしりと咲いている！なんて美しい景色なんだろう！目の前に広がる景色にただただ心が震える！
しばらく歩くと、山への入り口が見えてきた。木の幹には小さいけれど黄色い矢印もある。落ち葉に覆われた道に足を踏み入れると、サクサクと心地良い音が響く。道を進む音、風に揺れる木々の音、キラキラと輝く木漏れ日、足元で感じる大地のエネルギー、小鳥たちのさえずり、五感をフルに使って全身で感じる地球の鼓動に、心と身体が最高に喜んでいる。森にはユーカリの木が生い茂り、その中に一本の道がすっと伸びていて、周囲にはハーブの香りが漂っている。天然のアロマの香りに包まれながら歩く自然の力ミーノ！心から癒されるひとときだ。

SPIRIT MESSAGE

五感を研ぎ澄ませ目の前に広がる奇跡を感じる幸せ♡

## 南仏のような可愛い村

心地良い潮風を感じながら、海岸沿いをのんびりと歩く。ゆったりとした時間が流れ、心もほろりとほぐれていくような幸せなひとときだ。そんな道も、すぐに国道沿いの車がビュンビュンと通る道に入り、小さな村ポイオに到着する。ここには有名な修道院がある。静かで心地の良い村だ。楽しみにしていた修道院は、残念ながら閉まっていた。仕方なく、インフォメーションでスタンプをもらい、再び歩き出す。

この辺りの標識はお手製のものが多く、手書きのホタテに矢印、地元の人たちが作ったであろう木製の看板など、どれも可愛いらしい。しばらくのどかな道が続き、また海沿いに出てきた。家族でもない人と、こうして何日も一緒に歩くなんて、本当に不思議な導きだよね。そんな話をしながら進んでいると、遠くにオレンジ色の家々が見えてきた。可愛い！遠くからでも絶対ステキな村だとわかるほど、魅力的な集落が広がっている。海辺にある小さなリゾート地、コンバーロだ。

石畳の小道は色とりどりの花で彩られ、まるで南仏の村のような雰囲気が漂っている。海を見渡せるステキなカフェやレストランが並び、のんびりとした時間が最高だ。この日はまだまだ長い道のりが待っているけれど、この美しい雰囲気を楽しみたいという気持ちが湧き上がって来た。ハートからの声をスルーするわけにはいかない。

まさか、この後にとんでもない試練が待っているとは思いもせず、カフェに入り、静かな海を眺めながら乾杯をした。ふと隣を見ると、数時間前に入ったカフェで見かけたグループが、オイスターを楽しみながらノリノリでビールやワインで盛り上がっている。私たちと同じペースで歩いているなんて、相当のんびりなグループだ。穏やかな時間が流れるコンバーロは、またゆっくりと訪れたい場所になった。

## お試しの峠越え

この日はコンバーロからハードな峠越えがある。平坦な道が多いポルトガルの道の中で、唯一の難所とされている。なにも知らなかった私たちは、この峠越えを甘く見ていたのだ。村の散策を終え、時計を見たら14時を過ぎていた。急がなきゃ。この時間帯がいちばん暑くてハードなのに、ついのんびりしすぎてしまった。村を出て山に入っていく。可愛いらしい家々の間を歩き、葡萄畑を通り抜ける。急な坂道をどんどんのぼって行く。さっきまでくつろいでいたコンバーロ村が、眼下に広がっている。かなりのぼってきたね、あと少しだろう、なんて考えていた。

途中で地元の人が巡礼者に無料のドリンクを配っていた。ふと見ると、そこに先客がいた。あれ?さっきのバルで盛り上がっていたグループじゃない?私たちの方が先にお店を出てきたのに?どうして?違う道があったのかな?

そんな彼らとはこの後も不思議な入れ違いを何度も経験することになる。ポルトガルからきている家族5人組。荷物はポーターサービスに預け身軽な格好だ。彼らとしばらく同じペースで黙々と歩いた。村を出て再び山の中へと入っていく。1時間ほど上りが続き、暑さと疲労でヘトヘトになる。ビールを飲んでしまったせいで、体も重い。峠越えといっても1時間くらいで済むだろう、なんて軽く思っていた。

この辺りから森の中には私たちだけ。大自然の中、ポツンと取り残されたような気持ちになって、ふと我に帰るとゾクっとする瞬間がある。進んでも進んでもゴールが見えず、あそこが頂上だね!そう思って進むと、また延々と峠が続いている。終わりの見えない上りは、本当にキツかった。体力も限界に達し、会話もなくなり、まるでサウナから出たばかりのように、全身真っ赤になって黙々と歩く。さらに、矢印が消え、道無き道が続いている。この道が正しいのか、間違っているのかもわからず、思考停止状態で、ぬかるみの中を進んでいく。

なぜこんなにつらい道を歩いているのだろう。今更戻ることもできない。ふらふらになりながら、自分に嫌気がさしてくる。次こそは頂上だろうと思っても、そこにいくとまた次の峠が現れる。一体どこまで上り続けるの？半ばあきらめながら進んでいた。なんとしても次の集落につかないと、夜になってしまう。

## 不思議なゾーンへ入る

森の中で馬の群れに出会った。「怒らないでね～」と話しかけながら横を通る。ふらふらになりながらも森の中はユーカリの香りが漂っていて心地よかった。すると、誰もいなかった森に、さっきのポルトガル人チームが突然現れた。どこからきたの？と思うほどのタイミングで。人がいると少し安心感がある。お互い頑張ろうね！と励まし合うと、いつの間にかまた視界から消えてしまった。不思議だ。道は1本しかないはずなのに。

そこから3時間ほど歩いて、ようやく頂上らしき場所にたどり着いた。ふたりとも、精神も体力も限界で、少しおかしくなっていた。いきなり和歌をつくって詠い始めたり、アルプスのハイジの主題歌を歌って踊ったり、なんだか不思議なゾーンに入っていた。

この辺りになると、どこからともなく巡礼者がポツポツと現れ始めた。私たち、違う道を歩いていたのかな？他の巡礼者を見つけて安堵の気持ちが湧くと、不思議と矢印も出てくるようになった。

あとは下るだけだ。しかし、上りよりも下りは膝に負担がかかる。ぬかるんだ道を滑らないように気を使いながら進んで行く。自分のハートを感じるどころか、頭の中は「早くいかなきゃ」「疲れた」「怖い」「不安」といった思考に支配されていた。早く到着しないと日が暮れてしまう、迷子になってしまう、山で遭難するかもしれないという、まだ起こってもいない未来への不安がどんどん膨らんでいった。不安と恐れ、疲れというのは、ハートからどんどんずれていく。その気持ちのまま行動していても、良い循環は生まれない。どんな時でもハートに意識を戻せば、愛と喜びを循環させることができるのに。

振り返ると、すっかり中心からずれていたことがわかる、けれど、その瞬間には気づけなくなっていた。これからは、どんな時でもハートをもっともっと意識し、不安や恐れを感じたまま行動しないようにしよう！

数時間歩いた後、やっと遠くに村のような集落が見えてきた時の感動は今でも忘れられない。やっと下界に降りてきた安堵感！ やったー！ ふたりで大喜びした瞬間だった。村が見えてからの道のりが、また長かったけれど、降りたところがアルメンテイラ修道院の入り口になっていた。カミーノの道って、こういうゲームのような面白さがあるから好きだ。まるで魔法にかけられたような不思議な道なのだから。

SPIRIT MESSAGE

不安や恐れに支配されたらハートの中心へ♡

## 現れたカミーノエンジェル

スピリチュアルな雰囲気が漂う村のパワースポット、アルメンテイラ修道院に着いた。中に足を踏み入れた瞬間、まるで異次元空間にワープしたような不思議な感覚に包まれた。きっと誰もが感じるくらい、一瞬で波動が変わる場だ。

この修道院にはシンプルな宿泊施設も併設され、巡礼者が宿泊できるようになっている。もちろん一般の観光客も宿泊することができる。いわゆるリトリート施設として利用する人が多いそうだ。到着時に空きがあれば宿泊可能とのこと。この素晴らしい空間に泊まれるなんて、次回はぜひ泊まりたい。

中世の面影が残る修道院は、ひんやりとした空気が流れ、厳かな空間が広がっている。修道院内には小さなお土産屋さんもあり、ここで作られた椿のジャムや椿酒、天然成分の化粧水やクリームが販売されていた。中にいたシスターのお肌が、すっぴんなのにツヤツヤ!表面的な美しさではなく、もっと内側からあふれる光で、ピカピカに輝いている!かすみんと「まるでカミーノエンジェルだね。」と、しばらくその美しさにうっとりと見とれていた。

すると、そのシスターが私たちに声をかけてきた。「あなたたちの笑顔は本当にステキね。とっても輝いているわ。今夜19時半からペレグリーノミサがあるから、必ずきなさい。遅れても構わないから絶対に参加するのよ」と。そういえば、数日前にも私たちの笑顔が良いっていわれたよね。嬉しい！ふたりで喜びあった。

しかし、この時すでに18時半を過ぎていた。ミサまであと1時間もない。しかも、私たちの宿はここからまだ遠く、どう考えても間に合わない。このまま汗だくで参加する？いや、それは絶対にイヤだ……。

でも、カミーノエンジェルからの「必ずきなさい」というメッセージ、受け取りたい。もう、こうなったら流れに任せるしかない。半分諦めて宿に向かうことにした。

修道院の出口を出たら、見たことのある顔ぶれがいた！！！！ポルトガルチームだ。お互い笑いながらハグして再会を喜んだ。今日一日、何度も再会を繰り返しているけど、不思議なことに突然消えてはまた現れる。本当に同じ道を歩いていた？？？ゴールの修道院でまた再会！だなんて、まるで魔法にかけられたみたいだね。そういってみんなでハグしてサヨナラをした。

でも、本当に道がいくつかあったんだろうか？私たちの歩いてきた道は1本道なのに、前後には誰もいなくて、ずっとふたりだけで歩いていたはずなのに。シーンとしていたのに、いつも突然、ポルトガルチームが現れてまた消える。そんなことある？

## 魂が震える感動の巡礼ミサ

修道院を出ると道が複雑だったため、宿の人が車で迎えにきてくれた。ミサの話をすると、車で送迎してあげるから急ぎなさい！といってくれた。もう、これは絶対に行かないといけないんだな。可愛らしい宿に着くと、すぐにシャワーを浴び、髪も濡れたまま大急ぎでミサに向かった。しまった！ビーサンを履いてきてしまった……。そのことに気づいたのは車の中だった。仕方ない、このままミサに参加しよう。

修道院の神聖な空間に入ると、チャペルから天使のような透き通る歌声が回廊に響き渡っていた。その歌声に魂から震える感動が湧き上がってくる。涙が出そうなほど厳かな空気に包まれる瞬間だった。すでにミサは始まっていたけれど、そっと中に入らせてもらった。後ろの席に座ると、さっきのカミーノエンジェルが私たちに気づいてウィンクをしてくれた。来てよかった。心からそう感じた。

この別次元のエネルギーをじっくりと味わう時間だ。みんなで一緒に歌を歌い、それぞれの声が重なり合い、空へと浄化されていく。すべての瞬間があまりにも美しく、感動で涙が自然にあふれてきた。ハートの奥深くにじんわりとしみ込む神聖な時間。この美しい瞬間と空気を全身で受け取っていた。

ふと周りを見ると、みんな涙を流している。そうだよね、ここに来ている人、みんなあの道のりを歩いてきたんだもの。神父様からのブレッシングを受け、感謝の気持ちが自然とあふれだし、涙がこぼれてくる。全員の感謝の波動がこの空間に広がっているのを全身で感じる。なんともいえない優しさと穏やかな空気に包まれる。なんて美しい時間なんだろう。魂が震える、今までに経験したことのない愛のひとときだった。ペレグリーノミサはこれが2回目だったけれど、ここでのミサは特別で、安らぎと平穏と愛に満ちた時間になった。

この日を境に、自分の中でなにかが変わったのを実感している。心がすっきりと洗われ、強く、たくましく生まれ変わったような気がするのだ。ここまで来るのは大変だったけれど、奇跡が重なり合って導かれた場所。本当に来てよかった。魂の浄化といえる特別なパワースポットだ。ハートをオープンにしていれば、今という奇跡しかないことに改めて気づかされる。かすみんとこうして一緒にこの場に来れたこと、感動を分かち合えることに、感謝の気持ちがとめどなくあふれてきた。本当にありがとう。

## ミラクルな魂の再会

ミサを終えて修道院を出ると、迎えの車が待ってくれていた。到底歩いて行ける距離ではなかった。宿の人が送ってくれたおかげで、こうしてミサに参加することができたのだ。優しさが循環する輪の中に自分がいること、あらためて感謝の気持ちでいっぱいになった。

車窓から眺める奇跡の村アルメンテイラは、まるで宝石のようにキラキラと輝いていた。ふたりでミサの感動をシェアしあい、興奮が冷めやらなかった。こんなにも感動の日々が続くなんて、カミーノは本当に特別な体験だね。残り数日だけど、この経験を存分に味わいつくそうと誓い合った。

この日は宿のオーナーお手製のディナーを楽しむ日だ。村の景色を眺めながら、テラスで食事をすることにした。部屋で準備をし、ダイニングへと向かうと、えーーー?!思わず大声が出てしまった。まさかの同じ宿?また、いた!!!あのポルトガルチームが、いたのだ!お互いもう笑いが止まらない。アルメンテイラには、いくつか宿があるのに。私たちは、村の宿に泊まれなかったため、少し離れたこの宿を選んだ。それなのに、まさかまさかの同じ宿になるなんて。もうきっとこうして繋がるご縁なんだろうね。何度も出会っては別れ、また再会し、宿まで一緒になるなんて。きっとなにかの約束をした魂の再会だね。最高の気分でみんなで夕食を楽しんだ。

この日はスペイン風オムレツとガリシアのタコ料理、ツナがたっぷりと入ったフレッシュなグリーンサラダ。どれも心温まる優しいディナーで、最高に美味しかった！オーナーから食後にコーヒーリキュールまでご馳走になり、かすみんとたくさん語り合うステキな夜になり、心地良い眠りについた。出会いって本当に不思議だなぁと思う。ひとつひとつの出会いに執着せず、流れに身を任せることで必要なご縁が必ず引き寄せられていく。ゴールまであと数日。これまでの感謝や感動、少しだけ寂しさにつつまれた夜だった。

SPIRIT MESSAGE

ハートの声に従うだけで奇跡はやってくる♡

## 土砂降りの朝

雨の音で目が覚めた。外を見ると、信じられないほどの土砂降りだ……。今日は大雨の中を歩くのかぁ……。どんよりとした空に、気分も沈む朝。いかんいかん、またハートからずれている。昨日、気づきがあったばかりじゃない、と自分を俯瞰する。すぐに気持ちを切り替えてダイニングへ向かうと、気持ちも一気に晴れわたるほど、可愛いテーブルセッティングが出迎えてくれた。

朝食は、シンプルにパンにジャム数種類、フルーツ、オレンジジュースが並ぶ。アンティークのお皿やクロス、セッティングが可愛い！この宿は家族経営で、センスの良い奥様がインテリアやテーブルコーディネートを担当してるそうだ。アルメンテイラの村の景色も雨に濡れてキラキラと輝いていた。雨音を聞きながら朝食をいただく至福のひとときだ。

昨日、一緒だったポルトガルチームは、今日もポーターサービスを利用してポンチョを着て身軽な格好で出発していった。雨の中ご苦労さま！いってらっしゃい！またどこかでね！ Buen Camino! そういって送り出した。

巡礼者の朝は早いけれど、私たちは、いつものようにマイペースでのんびり朝食を楽しんだ。すると、食べ終わる頃には、すっかり晴れ間が出てきたのだ。おかげで、雨に濡れずに出発できることになった。心の声に従うと、全てがスムーズに流れ出す。ずれたら戻すだけ。この感覚を忘れないようにしたい。

この宿ではオリジナルのシーリングスタンプを押してもらった。スタンプまで凝っていてとっても可愛い。絶対にまた泊まりたい宿のひとつになった。秋にはブドウが実ってとても景色も美しいだろうな〜。そう思って秋のカミーノについて話していたら「秋はやめたほうがいい。この地域は毎日雨！雨！雨！雨！でうんざりなのよ！」だそうだ。歩く季節によって、また違う体験が待っていそうだね。また必ず来るね。そういって出発した。

## 巡礼ボートに乗って

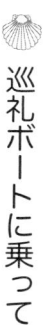

宿を出てしばらく進んだところで電話が鳴った。知らない番号からだ。誰だろうと思いながら出てみると、宿のスタッフからだった。カメラの三脚を部屋に忘れてしまったのだ。急いできた道を戻って取りに行く。この日もこうしてどこまでものんびりな出発になってしまった。

美しい村を抜け、石と水の道と呼ばれる美しいルートを進み、海岸沿いを、ヴィラノヴァ・デ・アロウサまで歩いて港へと向かう。ここからはスピリチュアルの道でメインイベントとなる、聖ヤコブの遺骸が運ばれたとされる『サール川を船で渡る』というスピリチュアルな体験が待っている。

ヴィラノバ・デ・アロウサでは、船が来るまで少し時間があったので、村を散策することにした。可愛らしい花があちこちに咲いていて、ガリシアの高床式倉庫（オレオ）のある古い静かな村。

外壁にホタテ貝がたくさん埋められている家もあった。壁のホタテを眺めていると、工事をしていたお兄さんが、これから壁に使うという帆立貝を私たちにプレゼントしてくれた。「巡礼の記念に持っていきな」ホタテは巡礼者の証のひとつだ。嬉しい。ありがとう！大切にするね！

巡礼中、こうした小さな優しさに出会うことが多く、そのたび心が温まるステキな経験をさせてもらっている。感謝の気持ちでいっぱいになる毎日だ。

感動につつまれて乗り場に戻ると、すでに他の巡礼者たちが集まっていた。この日は10名ほどの巡礼者でボートに乗る。セントラルの道では会わなかった、初めましての人たちばかりだった。年齢層は高めで、みんな本当に優しい人たちばかり。どうしたらこんな穏やかな優しい人間になれるのだろう。せかせかしていなくて、ハートがまぁるく愛に満ちている。

大きな船に乗ると思っていたら、意外にも小さくて驚いた。運転席を挟んで、前後に分かれて乗り込む。簡単な自己紹介をして出発だ。結構なスピードで進んでいく。風がひんやりとして気持ち良い。美しい景色を眺めていると、隣にいる相方かすみんはまたもや爆睡している。いつかのオルガンコンサートの時も寝ていたし、この揺れの中でも眠れるって、すごい特技だわと感心する。わたしは船酔いしないように遠くを見つめていた。途中、17か所のクルセイロの説明があったり、楽しいあっという間の船旅だった。

1時間半でポンテセスーレスの街に到着し、時刻は14時を過ぎたところだ。ここからパドロンまでは約3㎞。これだけカミーノを歩いてきたら、3㎞なんてお散歩気分で進める距離だ。ゆっくり行こう！ということで、この街でランチを食べることにした。

せっかくなので、ガリシア名物のホタテを食べよう！この時間はちょうどシエスタ中で、ほとんどの店が閉まっていたけれど、唯一オープンしていたレストランに入った。ここが思いがけず大ヒット！地元の人しかいない隠れ家のようなレストランで、ホタテのグリルとパドロンペッパーが絶品だった。レモンを絞って食べるだけなのになんていう美味しさ！今まで食べたホタテの中で、1番美味しかった。最高のランチタイムを過ごすことができた。

## 内側からあふれてくる感謝

ランチの後、ほろ酔い気分でパドロンへと歩いた。パドロンは、聖ヤコブの遺骸を乗せた船が、天使と星の導きでたどり着いたとされる特別な場所。カミーノ巡礼の中でも重要な街のひとつだ。葡萄畑を眺めながら線路を越え、住宅街を進んでいく。黄色い矢印に沿って進むと、あっという間に目的地に到着した。

ここでは、スピリチュアルルートとセントラルルートが、再び合流することになる。不思議な形をした街路樹に迎えられ、通りを抜けると、サンティアゴ教会が目の前に現れる。聖ヤコブを乗せた船を係留した石が保存されている教会とあって、たくさんの巡礼者で賑わっている。クレデンシャルのスタンプもステキで、船の中にはちゃんと天使が描かれているのだ。祭壇の下には、船を係留したとされる石が祀られていた。中世から多くの巡礼者が訪れたであろうこの場所に、今こうしていることが、なんだか不思議な気分だ。

近くのアルベルゲのカフェで少し休憩をすることにした。「こんな貴重な体験はなかなかないよね。泣いて笑って感動して、2週間の間に全てがつまった旅。家族以外のふたりで向き合い、寄り添って話し合い、遠慮なくいろんなことをシェアできたのが本当に良かった。本当に気づきの多い旅だったね。本当にありがとう」と、かすみん。本当にそう思う、私も同じ気持ちだよ。毎日、摩訶不思議なことや目の前に差し出されるギフトも、全てが感動と気づきの連続だったね。

あと1日残っているけれど、ここでお互い感謝の気持ちがあふれてきて、ありがとうを伝えあった。こうしてここまで、ふたりで旅できた奇跡のような時間に、ただただ感謝しかない。

この日の宿は、パドロンからもう少し先へ進んだ、自然に囲まれた静かな場所にあった。緑に囲まれた広いお庭では、巡礼者たちがくつろいでいた。シャワーを浴びた後、テラスでくつろぎながら、旅をふり返って日記を書いた。明日はついに最終日。カミーノが終わると思うと、少しさみしいけれど、それ以上に、ゴールへのワクワクがあって、まるで子供の頃の遠足前夜のように、ドキドキしながら眠りについた。

SPIRIT MESSAGE

不思議な巡り合わせと目の前の奇跡を大切に♡

## *Column* 魂の友が感じたもうひとつのカミーノ

いよいよカミーノ後半、スピリチュアルの道に差し掛かり、魂がザワザワし始めた。はやる気持ちを抑えながら、もうすぐだね、とあの頃の私たちに思いをはせる、、、。

この旅では、神秘的なメッセージをあちこちで受け取ってきたけれど、このアルメンテイラ修道院でのペレグリーノミサで神父様が伝えてくれたお話が、今でも心の奥底に響いている。「私たちはひとりで家を発ち、また家へ戻ったように思っていますが、実は家を出る前からすでに聖ヤコブがあなたの腕を取って導いてくれ、その道中を支え、そして帰る時もずっと家まで寄り添ってくれているのです。」ここでいう聖ヤコブとは、もちろん聖人のヤコブさんのことでもあるけど、彼だけではなく、目に見えないたくさんの守りの存在が、いつも私たちを労り励まし応援してくれているんだと感じた。心と魂が感謝にふるえ、涙がにじむ……。

私たちは、一体どれだけの存在に守り支えられて幸せに暮らせているんだろうか。目の前のひとつひとつが、かけがえのない奇跡のかけらであることに、私たちは果たしてどれくらい気づいているのだろうか。

土砂降りの翌朝、私は早起きをして、どうしてもひとりで朝の散歩へ出かけたくなった。魂が、なにかを私に伝えたがっていると直感的に感じた。雨の中、アルベルゲの宿の裏手にある林の中へと歩き、しばらく目を閉じて雨音を感じていると、どうしようもなく悔しい思いや後悔、情けなさが込み上げてきた。それは現代の私ではなく、過去生の私の思いだった。

当時、思いを果たせなかった過去生の私が、一体なにを学んできたんだと自分を責め、土砂降りの雨のように涙をこぼしていた。それは同時に浄化のサインでもあった。今、ここにいる私の意識は、そうだね、そうだね、悔しかったね、と当時の思いを優しく聞いて受け止めていた。過去生の私と一緒にここまで来れて本当に良かったと、安堵と感謝で胸がいっぱいになった。このカミーノは、この思いを癒す旅だったんだと、ようやくひとつ大きな謎が解けて心が軽くなり、心の内側にスーッと清々しい風が吹いた。

もうひとつ、過去生の私がそこまでの悔しい体験をしたからこそ、今生の私は、自分の内側に真摯に向き合い、気づきを重ねてここまで成長できたんだとわかった。一生のうちにこんな素晴らしい学びと体験ができるなんて、私は、本当に幸せだし、とても幸運だと思う。

今回は、必ずサンティアゴ・デ・コンポステーラ大聖堂まで一緒に歩こうねと、過去生の自分と約束した。その思いを受け止めて共に生きる、魂と心と体の壮大な旅路となったカミーノ巡礼。こんなに深い癒しを受けて、自分自身と繋がる旅になるなんて想像以上だった！こうして、私とYUKAちゃんの魂が出会い共同創造が進んでいく。そしてまたそれぞれのチャンレンジへと無限に広がっていくのだ。

# Chapter 6

Camino Portugués

## 涙のゴール

Portugués Way

Camino de Santiago de Compostela

## カミーノ最後の日

最終日の朝も、私たちは、マイペースに宿の朝食を楽しんでから出発することにした。朝食のダイニングは、中国からの団体ツアーで賑わっていた。ここにきて一気にアジアからの巡礼者が増えてきた。荷物はポーターサービスを利用しているようで、宿には、すでにトラックが荷物を取りに来ていた。私も、最終日くらいは荷物を預けて身軽に歩いてみようかな？と一瞬頭をよぎったけれど、ここまで頑張ってきたんだしあと1日頑張ることにした。

タータンチェックのテーブルクロスにクロワッサンやフルーツが並ぶ。可愛いコーディネートに朝から気分が上がる。しぼりたてオレンジジュースも最高に美味しかった！今日は、カミーノ巡礼最終日。天気も最高で、気持ちの良い1日になりそうだ。朝食を終えたら、荷物を背負って、いざ出発！パドロンからサンティアゴまでは残り25㎞ほどの距離。

宿を出ると、ガリシアの爽やかな太陽に気持ちも一気に高まる。美しい村を歩きながら、広がるガリシアの葡萄畑を目に焼き付ける。石畳の道を歩く旅も、今日がラストだ。思い切り楽しんで歩こう！

線路沿いや緑の森を歩きながら、カミーノを満喫した。やっぱり森の香りを胸いっぱいに吸い込んで深呼吸する瞬間が最高に気持ち良い！心からリフレッシュできるのだ。またこの道を歩きたいな。心からそんな気持ちが湧き上がってくる。かすみんは、私よりも歩くのが速く、いつも先の休憩スポットで待っていてくれる。そんな彼女の後ろ姿を見ながら歩くのも、これが最後だと思うと、寂しさがこみ上げてきた。こんなにも濃い2週間を一緒に過ごしたのだから……。それに、大人になって、こんなにも深い体験をすることって、なかなかないと思う。振り返っても、このカミーノでの経験は一生の宝物になるだろう。

## 閃きは突然に

今日が最終日のカミーノだというのに、かなりのアップダウンがあって、なかなかハードだ。初日の頃に比べると、随分と体力がついたように思うけれど、昼からの炎天下のカミーノは、やはり体力が奪われる。荷物を持っての上り道はさらにキツい。暑さで、だんだんと限界が近づいてくる。モホンが残り15㎞を示したあたりから、全く進めなくなってしまった。

そんな時、森の中で老夫婦に声をかけられた。初めましてと挨拶したら、「君たちのことは知っているよ」と。なんでも、数日前のボートで一緒だったらしい。ボートは、前後に分かれて乗ったので記憶にはなかったけれど、後方の席に座っていたそうだ。同じルートを歩いているとはいえ、このタイミングで森の中での再会は、やっぱりすごい！お互いラストまで頑張りましょう、と話して別れた。彼らは軽快に進んで行った。こういう元気な年配の方を見ると、わたしも頑張ろう！と、へこたれそうになっていた自分に喝が入る。しばらく美しい緑のトンネルの中を黙々と歩いた。

カミーノを歩いていると、不思議なことにアイデアや閃きが突然降りてくることがある。本のことや帰国後にやりたいことなど、なんどもそういう瞬間があった。この日は美しい村を歩いていると突然本のタイトルが降りてきた。"大人可愛いカミーノ"。先を歩いていたかすみんを呼び止め、伝えると、彼女がそこに「魂の友と行く」と、ひとことを添えてくれて、この本のステキなタイトルが完成した。カミーノではこうした閃きが突然訪れるから面白い。閃きを流さないようすぐノートにメモを取った。

前を歩いているおじさんが、足を引きずりながら辛そうだった。声をかけてみると、クロアチアからひとりで来ているとのこと。途中で膝をいためてしまい、歩くのがつらいといっていた。足を怪我すると、後半はかなり厳しそうだ。励ますことしかできなかったけれど、足を痛めないためには、最初から無理をせず、自分のペースでゆっくりと進むのが良いということも学んだ。

## ハートの感覚を丁寧にキャッチする

途中、見つけたモホンを見ると、残り6㎞と表示されていた。もう少しだ！楽しかったカミーノもあと数㎞で終わると思うと、複雑な気持ちになる。嬉しいような、寂しいような、なんともいえない気持ちとともに、ひたすら歩いた。朝から何度かすれ違った高齢のファミリーがいる。男性はサクサク歩いているけれど、女性陣は少し疲れている様子で、なんども休憩していた。出会うたびに、挨拶を交わしながら通り過ぎた。「Buen Camino!」と声をかけるだけで、心が通じ合うから不思議だ。

しばらく歩いて森を抜けると、ふたつのモホンが現れた。カミーノの途中でなんども出会ったパターンだ。こうしてふたつの道に分かれる場面では、そのたび「みんなが行くからこっちにしよう」ではなく、「私は、今、どうしたい？」と、常にハートに問いかけながら進んできた。ここでも自分のスピリットの赴く方を選んだ。

カミーノでは、こうして目の前にあるひとつひとつの選択の自由の中から、自分のハートに従うことの大切さを学んだ。そうすることですべてはうまく流れていくこと、自分の中の感覚を信じることが、どれほど大切なのかを体感した。この感覚を忘れないようにしたい。いつだってハートからの声は届いている。忙しい日常の中で、その声を聞いていても流してしまったり、聞かなかったことにしてしまうこともある。でも、これからは、どの瞬間も、自分のハートの声をしっかりキャッチして進むと心に誓った。

例えばランチ、12時になったから昼ごはんを食べる、という決まりのようなものがあるけれど、時間がきたから食べるのではなく、自分のカラダ、ハートの声を聞いて食べるようにする。そんな小さなことから、ひとつひとつ目の前のことを丁寧に、ハートの感覚を研ぎ澄ませ、自分の感覚に責任を持って選んでいく。カミーノではそんな作業の繰り返しだった。

SPIRIT MESSAGE

「今」どうしたい？静かにハートに意識を向けて♡

## 目の前には自分で選ぶ自由がある

遠くに街が見えてきた。そう思ったのもつかの間、再びガリシアの森の中へと入る。森の香りを楽しむのも今日が最後だ。思いっきり深呼吸する。しばらく森の中を歩き「ここにしよう！」と最終日も、意見が一致した場所で最後の瞑想をする。カミーノでの瞑想を心ゆくまで味わった。シェアの時間もこれがラストだね。瞑想の後は、しばらく村や緑の中を歩くカミーノが続く。炎天下で体力がどんどん奪われていく。日陰がないとへとへとになってしまう。線路沿いの小さな日陰を見つけて座り込んだ。あと少しなのに……、クタクタだ。そこへ、ひとりの男性の巡礼者がやってきた。彼も汗だくだった。「大丈夫?歩ける?水は持ってる?これを飲んで」そういって、持っていた水を手渡してくれた。ありがとう!自分だってきっと必要な水なのに、こうしてシェアしてくれるなんて。そのまっすぐな愛に感動する。

巡礼中、もう、何度こんな優しさや愛に出会っただろう。自分のことよりも、周りへ愛を与えることができる人たち。私も、そんな愛を分け与える人でありたい!と思った。最後の最後まで、優しさの循環に涙が出そうになった。

あと少し頑張ろう!重い腰を上げて、ひたすら歩き続けた。体力限界だったところに、まるでオアシスのようなカフェが現れた。スタンプをもらった後、少しスタッフの人と話をした。「早く着きたいんだけどもう体力限界!ここからあとどれくらいでサンティアゴに行けますか?」そうたずねると、「なにをそんなに急いでるの?もっとマイペースに歩いて、今を楽しまなきゃ。マイペースマイペース。今日ゴールできなかったら明日ゴールすればいいじゃない。これを飲んでゆっくり休んでいきなさい」そういって缶ジュースを渡してくれた。

ハッとした。またやってしまった。誰からも急いでゴールしろなんていわれていない、時間だってたっぷりとある。目の前には、自分で選ぶ自由が広がっているのに、私はなにをひとりで焦っていたんだろう。なにをそんなに必死に早くつかなきゃ、ってせかせかしているの?疲れとともに、またハートからずれていた。この景色をもっと感じていたい!楽しみたい!ってハートの声は聞こえていたのに……。確かに届いていた。それなのにまたスルーしていたのだ。早くゴールしなきゃって謎の使命感に取りつかれていた。どこまでも、こうやってハートからの感覚をスルーしてしまいそうになる。けれど、カミーノでは、いつもこうして出会う人から気づかせてもらっていた。

## 感動!感謝!涙のゴール!

ユーカリの森を抜け、村の中を静かに歩いていた。ここからは、多くの巡礼者とすれ違う。急にお腹が空いて、森の中でボカディージョを食べることにした。ゴールまであと数㎞。通りすぎて行く人に「今、食べるの?ゴールまであと少しだよ?」って笑われたけど、気にしない。今、食べたいってハートがいっているのだから。緑いっぱいの森を感じながら、最後のボカディージョを味わった。パワー充電完了!

ここからは、またアップダウンの道が続く。この日のカミーノは、気温も高く、体力が必要になった。遠くに街が見えているのに、なかなかたどり着かない。少し進むと、また天国のようなカフェがあった。先を歩いていたかすみんが座って手を振っている。さっき足を痛めていたおじさんもカフェで足を休めていた。あと少しだよ、頑張ろう!そこからしばらく歩くと、大きな街に出てきた。一気に都会の雰囲気が漂っている。アスファルトの道には貝殻マークのマンホールがある。巡礼の格好で歩いている人も多いけれど、普通の服装の人もたくさんいる。真っ白な藤の花が咲く道を過ぎて横断歩道を渡ると、そこはもう街の中心へと続く道だった。サンティアゴ・デ・コンポステーラの街に着いたのだ。

賑やかな雰囲気に圧倒されて、まるでおのぼりさん状態。路地を進むと、建物の隙間から、大聖堂の塔がちらっと見えた。ここまで本当に来たんだ。巡礼に出ることを決めたのは、ほんの1、2か月前のことだった。その時、夢に見た場所に、本当に来てしまった。

お土産物屋さんやバルがひしめく通りを必死で歩いた。どの道も人であふれていた。どこからともなくバグパイプの音が聞こえてくる。音のする方へ角を曲がると、ついに、聖地サンティアゴ・デ・コンポステーラに到着だ！雲ひとつない真っ青な空！！最高の空に迎えられて、ふたり揃って一緒にゴール！！！

オブラドイロ広場に響き渡るバグパイプの音を聴きながら、しばらく放心状態だった。広場では、再会を喜び合う人々、地面に座り込む人、大聖堂を見上げて泣いている人、世界中から集まった旅人たちが、それぞれの思いを胸に、感度の瞬間をかみしめていた。

ふと、かすみんを見ると、笑いながら泣いている。じわじわと感動がこみ上げてくる。ここまでの長い道のりを、毎日共に歩んできた相方のかすみん、出会った全ての人に、感謝の気持ちがこみ上げてくる瞬間だった。しばらくの間、ふたりで抱き合い、この場のエネルギーを存分に感じていた。

## ご褒美パラドールで最後のお試し

この日は、ふたりで無事ゴールできたお祝いとして、パラドールに宿泊することに決めていた。オブラドイロ広場の大聖堂前に建つパラドールだ。エントランスから、その豪華な雰囲気に圧倒される。しかし、フロントに向かうと、ドロドロの格好の巡礼者で賑わっていた。巡礼の格好で入るのは少し気がひけるような雰囲気だったけれど、みんな考えることは一緒だね。ホッとしてチェックインを済ませた。中世の面影が残る美しいパラドール。部屋に案内されるまでずっと感動で震えていた。

こうして自分の気分の上がる場に身を置くことは、自分自身へのいちばんのご褒美。長い廊下を通り、案内された部屋には、アンティークの家具が揃い、天蓋付きのベッドが並んでいる。窓からは、ガリシアの美しいオレンジ色の家々が広がっている。本当に良かったね。ふたりで感動に浸っていた。さっぱりして出かけよう！とシャワーを浴びることにした。

かすみんは、「巡礼証明書をもらうのに並ぶことになるから、番号札だけでももらい始めた。

に行ってくるね。ＹＵＫＡちゃんの分ももらっておくね。」そういって出て行った。ななにも考えずに「ありがとう！じゃあ先にシャワー浴びてるね！」と、シャワーを浴び

ん？待てよ。最後の最後の総仕上げなのに、カミーノ最後のゴールなのに、巡礼証明書は、自分で並んで受け取りたい！そうハートが叫んだ。そうだよ、ここまで頑張って歩いてきたのに、最後の証明書を友達に託すなんてありえない。びしょびしょのままシャワーをでて、電話をかけた。「ちょっと待って、私、自分の分は自分で取りに行きたい。せっかく行ってくれたのにごめんね。ありがとう。私のは取らなくて大丈夫だよ」しかし、時すでに遅し。長蛇の列に並び、すでに番号札をふたつ取ってしまったあとだった。

それでも、私たちは、お互いハートに従うって誓い合ったふたり。かすみんは、後ろに並んでいた人に番号札を譲って、部屋に戻ってきてくれた。「ごめんごめん。そうだよね。ラストの締めくくりだもんね。もし行列で並んだとしても、自分たちの手で一緒に取りに行こう！」そういってくれた。かすみんもシャワーを浴びて、ふたりともスッキリした後、巡礼証明書をもらいに行くことにした。最後の最後まで宇宙からハートのテストをされているような気がした。

本当に、自分のハートを信じる覚悟を持っているのか?ということを。

SPIRIT MESSAGE

どんな時でも自分のハートを信じる力を持つ♡

## エンジェルの祝福と感謝

さっきまで長蛇の列だったという巡礼事務所に行くと、たった3人しか並んでいない。なんてラッキーなの！ハートに従うとなにもかもが良い流れになる。そう思いながら整理番号を受け取った瞬間、ふたりで叫んだ。「えーーーーーー！！！！やばい！！！！信じられない！！！」手にした番号を見て、私たちは大声をあげるほど驚いた。だって、手にした番号札は、999と1000番！だったのだ。なに?これ???こんな偶然に奇跡の数字が出る?もし、さっきの電話で呼び戻していなかったら?今、ここに一緒に来ていなかったら?きっとこの番号にはならなかった。これは偶然でもなんでもない、カミーノの旅の中で何度も感じていた、言葉では到底表現できない、大きな大きな存在に「守られている」「応援されている」「導かれている」そんな感覚が、目の前に形として現れた瞬間だった。999と1000という数字は、目に見えない存在からの祝福なのだ。

私たちの感覚は間違っていなかった。スピリットの存在に、ずっとずっと守られて応援されていた。最後の瞬間まで守られていたことを体感した今、身体の奥深くから感謝と愛に包まれ、感動で震えが止まらなくなった。涙がとめどなくあふれてくる。

証明書を受け取り、隣のチャペルに入ると、ゴールを達成した実感が、一気に湧き上がってきた。ふたりで思い切り泣いた。それも大号泣。全身から感謝があふれ出し、感動の涙が止まらなかった。お互い「ありがとう」その言葉しか出てこない。

こうして2週間ずっと一緒に旅をし、無事にここまで来ることができたのも、道中の素晴らしい全ての瞬間や出会い、その全てが宇宙からのギフトだったね。ハードで大変なことも、お腹を抱えて笑いあったことも、涙で感動したことも、機嫌が悪くなって無口になったことも、全てが、まるで人生を再体験するような不思議な旅だったね。同じ道を歩ききった私たちの心の奥底には、愛に満ちたかけがえのない濃い時間が刻まれていた。本当にありがとう。

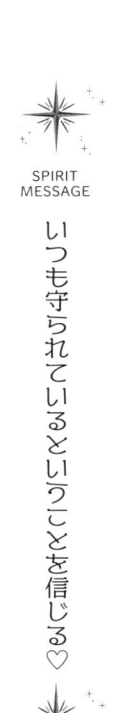

SPIRIT MESSAGE

いつも守られているということを信じる♡

## 感動のペレグリーノミサ

夕方、大聖堂で行われる巡礼ミサに参加した。裏の巡礼者用入り口に並んでいると、感動と喜びと、寂しさと、様々な感情があふれてきた。ここにいることが夢のような、なんとも不思議な感覚だった。千年以上もの間、世界中からの巡礼者が、この聖地を目指して歩いてきた道。私たちも同じように歩いて、今、こうして聖地のカテドラルにいる。

大聖堂に入ると、その壮大な雰囲気に圧倒され、静寂の中に全ての巡礼者たちの喜びと、感謝のエネルギーが美しく輝いていた。この場にいるのは、カミーノを歩いてきた仲間たちだけ。それぞれの国名が読み上げられ、祝福を受ける。足がクタクタで立っているのもやっとの状態だけれど、みんなの歌声が重なり合い、心震える美しい光の瞬間に魂が共鳴した。自分の周りにいる人たちと、目を見て手を握り合う。

国籍や年齢、性別、なにもいらない。この瞬間、自分の周りにいる人と、ただ感謝と愛の握手をする。美しい時が流れていた。感動をありがとう！この日のミサでは、楽しみにしていたボタフメイロは、残念ながら見ることができなかったけれど、これは、またリベンジしなさいというメッセージなんだと思った。また来年、必ずくる！そう決めた瞬間だった。

ミサが終わると、巡礼者は、祭壇の後ろの通路に並び始め、私たちもそのあとに続いた。2階にある聖ヤコブの像の裏側に回り、背後から抱きしめて、巡礼に感謝の祈りを捧げるという巡礼最後の儀式に参加した。清々しい気持ちで階段を降り、大聖堂をあとにした。

## バルで奇跡の再会

夜はバルで祝杯をあげた。ゴール翌日は、かすみんの誕生日ということもあり、お祝いをすることにした。目星をつけておいたお店に入り、テーブルに案内されると、隣に座っていたオシャレな高齢のご夫婦に声をかけられた「あなたたちのこと途中で何度もみたわよ。あのバルでビール飲んでたでしょう」と。え？巡礼者なの？ステキな服装をしているから、てっきり観光客かと思った。

そういえば、どこかで見かけたような気もする。記憶は曖昧だけれど、同じポルトガルの道を歩いていたこともあり、しばらくお互いの巡礼の話をして、ゴールの感動を分かち合った。しかし、帰国して写真を見返すと、このご夫婦も何度も何度も写真に写り込んでいた。全く気がつかなかったけれど、ずっと同じようなペースで歩いていたのだ。不思議な再会だった。

サンティアゴ・デ・コンポステーラに山ほどあるバルやレストランの中で、たまたま、一緒のお店にいるだけでも奇跡なのに、隣に座った人がずっと一緒に歩いていた人だったなんて。カミーノの間は、言葉を交わすことはなかったけれど、最後の最後にこうして話をする、こんなご縁もあるんだな。

バルの帰り道、広場では、民族衣装を着た音楽隊がガリシアの伝統音楽を演奏していた。走っていくと、みんな輪になってガリシアの音楽で盛り上がっている！ラストにこんなステキな祝福を受けることができるなんて！嬉しい！そう思っていると、向こうでニコニコしているふたりがこっちを見ている。あ！！！カミーノ前半に何度も会った、ローズとケビンだ！また会えたね！不思議なご縁で繋がる私たち。こうしてゴールで再会できるなんて、嬉しすぎる！ふたりのカミーノはどうだった？そう尋ねると、「言葉では表せないほどのミラクルの連続だったよ。また来年も歩くことにしたんだ」と、目を輝かせて話してくれた。そうだよね。私たちも同じだよ。ありがとう！そういってハグを交わし、再会を喜び合った。まさか、最後のこの大きな街でまた再会できるとは思ってもみなかった。素晴らしい奇跡の再会の夜になった。

SPIRIT MESSAGE

**出会いはいつも奇跡にあふれている♡**

## Column　魂の友が感じたもうひとつのカミーノ

ゴールが近づくにつれて、田舎道からだんだんとアスファルトの道も増えてくる。歩きはじめの頃は、アルファルトの道に入るとなんだかそれっぽくなくてがっかりしていたけれど、こうして自分なりのカミーノを歩き続けてくると、どんな景色も環境も、最高に美しい私の大切なカミーノの一部に見える。こうして終わりが見えてくると、これまでのカミーノでの体験が思い出されてきた。

炎天下で水がなくなった恐怖、山の中で迷子になった不安、2人で真剣に議論した夜の情熱、なにも言葉を交わさなくても、静かに2人で過ごせた安心感、初対面の人たちにたくさん助けてもらった感動……。

印象に残っているシーンが浮かぶ……。

倒れ込むようにたどり着いた教会の屋根の下、西日がつくる光と影のコントラストが美しい。ＹＵＫＡちゃんが、汗だくになって真剣にカミーノに挑戦している私の表情を写真に撮ってくれた。その時、大きなバックパックをおろして立ち上がったら、「背中に天使の羽が生えてるー！」といわれ、見てみたらTシャツの背面に汗のシミでちょうどくっきり羽の形ができていた。

なんだか天使たちが応援してくれてる気がするね！と嬉しくなって一気に疲れが吹っ飛んだっけ。

最終日は、もう大丈夫っていう安心感の中、歩くことができた。歩くことは流石にしんどいけれど、清々しい気分。

昔ながらの石畳の坂道を登っていると、いよいよゴールであるサンティアゴ・デ・コンポステーラ大聖堂のあるオブラドイロ広場が見えてきた！私たちのカミーノがついに終結するんだ。

最後の一歩を踏み出す。行くよ？ふたりで一緒に、せーのっ、ゴーーーーール！！！

嬉しい！やっとやっと、2人で一緒に大きな大きな夢を叶えることができたんだ！今この瞬間にここにいられている奇跡に、改めて感謝が湧いてくる…。

ありがとう、ありがとう、ありがとう。

ひとつの終わりを示す999、そして、これから新しい扉が開くことを示す1000の番号が出たのも、私たちふたりへの明確なメッセージだった。ふたりしてこんなことある！？と相当驚いたけれど、現実には見えない導きというものがやっぱりあるんだな、とまた腑に落ちた、嬉しいサプライズだった。

YUKAちゃんが撮ってくれた
天使の羽

ふたりでトトロの道と名付けた
美しいカミーノ

奇跡のアルメンテイラ修道院で

# Chapter 7
# 新しい人生へのスタート

Portugués Way
Camino de Santiago de Compostela

## カミーノで起こることは必然

深夜、パラドールに戻ったら、思いもよらないトラブルが発生した。巡礼が終わった後、スペインをまわってヨーロッパを周遊する予定だった私は、巡礼初日に巡礼に不要な荷物と相方かすみんの荷物を一緒にまとめたスーツケースの配送を手配をしていた。巡礼中、配送会社とやっと連絡が取れ、その荷物はカミーノ最終日の今日、このパラドールで受け取ることになっていたのだ。

しかし、待てど暮らせどその荷物は届いていない模様。調べてみると、まだポルトで止まったままだという珍事件が起きていた。実は、相方のかすみんは、翌日、サンティアゴからバルセロナに戻らなければならなかった。私のスーツケースが届かない限り、かすみんもバルセロナに戻れない状況になってしまったのだ。つまり、これは、ふたりでポルトに戻れってことだね。……笑。お互い予定が狂いまくりだけれど「カミーノで起こることは全て必然！」きっと、なにか意味があって、ポルトまでまた戻ることになっているんだろう。そう思うことにしよう。

こうして、翌日、ふたりで、初日のスタート地点であるポルトに戻ることになった。こういう時は、もう諦めて寝るしかない。かすみんは、せっかく予約してあった航空券をボツにして、ポルトからバルセロナ行きの航空券を急遽購入し直すハメになってしまった。どこまでもお試しがやってくるよね。最後の最後にとんだハプニングが発生したけれど、ひと晩眠れば、お互いの気持ちは前に向かっていた。こういうところが似ているから、旅がしやすかったのかもしれない。なにか問題やトラブルに直面したとき、そこに留まるのではなく、良い気持ちで前に進むことが大切だと思う。

## カミーノマジックの嵐

昨日の晴天とはうって変わって、どんより曇り空の朝を迎えた。雲ひとつない青空の中、ゴールできたこと、本当に奇跡だったね。感動の余韻にひたりながら、パラドールでのステキな朝食を楽しみ、午後には電車とバスでポルトに戻ることにした。

重いバックパックを背負って歩くのも、これで終わりなのかと思うと、少し寂しい気持ちになった。けれど、荷物を持たなくていいということは、人生で背負っていた不要な荷物の全てを下ろしたかのような不思議な感覚にもなった。ここからまた新しい「私」が始まるんだと感じていた。

身軽になってサンティアゴ・デ・コンポステーラの街を散策した。お土産屋さんを巡っていると、突然背後から「無事に着いたんだね！」と声をかけられた。振り返ると、綺麗なシャツを着た背の高い紳士と、華やかなブラウスに身を包んだ女性が立っている。えっと、誰だったかな?あ！パドロンからの道中で何度もすれ違ったご家族だ！巡礼の格好じゃないからすぐに気づかなかった。お互いの再会を喜び合い、写真を撮った。彼らはしばらくこの街に滞在して観光を楽しんでから帰国するそうだ。ステキな旅を！といってさよならした。こんな大きな街でも、会える人にはちゃんと再会できるようになっているんだ。

そう思って歩いていると、遠くで手を振っている人がいる。あ！また！ローズとケビンがいた。もう、思いっきりハグして涙が出そうになる。

昨夜もそうだったけれど、このふたりはカミーノの途中どこで再会しても、最高の笑顔でハグしてくれて、優しく愛にあふれている人たちなのだ。お別れするのが寂しいな。そういうと「またどこかの道できっと会えるさ」と返してくれた。そうだね。これだけ何度も不思議な再会をしているんだもの、また絶対に会えるよね。そういって最高の笑顔でお別れした。

広場を歩いていると、前からもうひとり、ニコニコと近づいてくる人がいる！わぁ！イアンだ！彼女はウクライナからひとりで来ている巡礼者。歩くペースが違ったから、ゆっくり話すことはなかったけれど、カフェでは何度も一緒になって、私が疲れている時、いつも励ましてくれたのだ。嬉しい！まさかゴールで会えるなんて！抱き合って再会を喜んだ。会える人には会えることはもう十分理解はしていたけれど、やっぱり再会は奇跡の瞬間で感動する。

SPIRIT MESSAGE

**必要なご縁はどんなことがあっても必ず繋がる♡**

## 目の前の人から受け取るメッセージ

出発まで時間があったので、カフェで道ゆく人を眺めることにした。テラス席に座ってくつろいでいると、前の席に年配の女性が座った。背が高くベリーショートの爽やかな印象の女性だ。話をすると、彼女はドイツからの巡礼者で、カミーノは7回目だというルカ。去年はフランスの道を歩き、今回はご主人と一緒に銀の道にチャレンジしたそうだ。しかし、カミーノが始まってすぐにご主人が足を怪我してしまい、歩けなくなり、先に帰国したとのこと。結局、彼女はひとりでカミーノを歩き、昨日、無事ゴールしたという。

そっか、どちらかが怪我したりトラブルに遭うと、私たちのように一緒にゴールはできないんだよね。当たり前だけれど、こうしてふたり揃ってゴールできたことが、どれだけ奇跡でありがたいことか、この時、改めて実感した。

「あなたたちはどの道を歩いてきたの？」とルカ。「私たちはカミーノデビューでポルトガルの道を歩いてきた」と答えると、彼女は「まだまだ始まったばかりのお子ちゃまね。カミーノはね、一度歩くと魔法にかかるのよ。これからあなたたちもきっと色々な道を歩くことになるわよ。私なんて、もうこれで終わりにしよう！と思って帰国しても、翌年には、なぜか歩かなきゃって思って、気がつくと、またここにきているんだから。もう義務感できているようなもの。不思議なのよ。カミーノはやめられないわ」

最後に出会った人からこんなメッセージをもらい、ワクワクしている自分がいた。実際、また来年も来たい、と思っていたのだから。これもカミーノからの新たな招待状なのかもしれない。

## 始まりの地と最後のカミーノマジック

いよいよこの街ともお別れの時が来た。バックパックを背負ってみると、え？こんなに重かったっけ?!昨日まで本当にこれを背負って歩いていたの？？そう感じるほど、信じられない重さが背中にずっしりとのしかかってきた。広場で、また必ずこの場所に戻ってくることを宣言し駅へと向かった。

電車でビーゴに行き、そこからバスでポルトへ向かう。快適な2階建バスなのに、またしてもトイレは故障中だった。乗客の女性陣の大ブーイングによって、途中でトイレ休憩に止まってくれることになったのだけれど、そこで意外な人物との再会が待っていたのだ。トイレ休憩でバスを降りると、巡礼初日に、ポルトの宿で一緒だったドイツからのクリスチャンがいたのだ。

こんな奇跡が、まだ待っていたとは。最後の最後に驚きのカミーノマジックだ。もしサンティアゴ・デ・コンポステーラに荷物が届いていたら、このバスには乗っていなかった。そうしたら、きっとクリスチャンとこうして再会することもなかっただろう。私たちは、このバスで再会する運命だったのかもしれない。本当に不思議な巡り合わせだね。

クリスチャンは初日に私たちと別れた後、セントラルルートをのんびり歩き、3日前にはゴールしていたらしい。聖地でゆっくり過ごし、ポルトへ戻る途中にこうして再会したのだ。初日に彼から聞いていた「ドイツのことわざを出会う人たちの国の言葉で書いてもらう」というミッションも見事に達成していた。ノートには様々な国の言葉がびっしりと書かれていた。素晴らしいね！ステキなカミーノになったみたいで、お互い奇跡の再会をかみしめながらさよならした。

ポルトに着き、初日の宿に戻ると、本当なら、今頃スペインを旅しているはずの私のスーツケースが、寂しそうにポツンと置かれていた。予定は変わってしまったけれど、このスーツケースのおかげで再会できた人もいて、結果無駄なことはなにもなく、全てが奇跡の糸で繋がっていたのだ。

相方のかすみんとは、ここでいよいよお別れだ。ポルトで最初に見つけたモホンの前で記念撮影をし、別れの時を迎える。「また来年カミーノで会おうね！」と約束し、涙ながらのお別れとなった。本当にありがとう！いろんなことがあった巡礼の旅。私たちのスタート地点であるポルトから、カミーノでの宝物のような出会いと経験に感謝の気持ちを捧げ、お互いの新しい人生へと旅立った。

始まりの地に戻って
最初に見つけたモホンの前で

## Column　魂の友が感じたもうひとつのカミーノ

ゴールした後は、数日このサンティアゴ・デ・コンポステーラに留まる人たちが多く、旅の道中で出会った人々との再会が楽しい。カミーノ真っ最中は、完全にカミーノスタイルで、汗だく、髪ボサボサ、ノーメイクで出会っているから、ゴールした後に綺麗にメイクして素敵なワンピースといった出立ちで出会うと、魔法にかかったシンデレラのように、お互いにどこかで見たことある気がするけど誰だっけ？という不思議な再会になる（笑）あの○○さん！？とたった数日会えなかっただけで10年ぶりに会えたような嬉しさで再会を喜ぶ。

みんな同じゴールを目指して歩いていたから、この場で会えたということは、あなた夢が叶ったのね、私も叶ったのよ！そんな風にお互いを祝福し合う感じで、何度も何度も自分たちの功績を労う。ゴールした後もまだまだカミーノマジックは続く！

ポルトに置き去りになってしまったYUKAちゃんのスーツケースには、私の大切な荷物も入っていて、結局一緒にポルトに戻ることになったのだけど、だからこそ戻りのバスでクリスチャンに再会することができたのも不思議なご縁だ。初日に会った人と最終日に再会したことにも意味がある。始まりと終わり。巡礼事務所で手にした番号、999番と1000番から受け取ったメッセージは終わりと始まり。始まりと終わりは両極のようで、実は同じ地点のことを指している。終わりは、新しい始まりでもあるんだ。

ポルトに戻った私たちは、10日前とはエネルギーが全く変わっていた。絆が深まり、自分自身への信頼が深まっていた。

この旅への祝杯をあげる場所が出発地点のポルトになるなんて運命も粋な計らいだ♡

何千年間の思いを叶えた祝杯。過去生が癒され、これからの私たちの人生の強い味方になってくれる、そう確信した。人生後半に差し掛かる、もう十分大人な歳の私たちだけれど、真剣に子供のように無邪気に、目の前のことに一生懸命向き合った旅だった。

カミーノの旅は、ルートは大体決まっているけれど実際歩いてみないと何が起こるかわからない。不確定要素も大部分にあって、そこがまた絶妙に良いのだ。自分のコンフォートゾーンを越えなければ、ゴールには辿りつかない。

人生をより豊かに、そして大きな成長へと導いてくれるガイドのような存在だ。

バルセロナに戻ると、まっ先に子供たちが駆け寄ってきてくれた。夫も誇らしげに笑顔で迎えてくれた。聞くと、結局両親には頼らず、本当にワンオペで子供達をケアしてくれていたそう。すごい!!

家族みんなでハグをして、私の内側からあふれんばかりに愛が放出されているのを感じた。心から愛してる!!私の帰るところはいつもここだ。応援して送り出してくれてありがとう!!おかげでとんでもない魂の成長の旅ができたよ。

カミーノに行ったら人はどうなるんだろう?というのは、一番興味のあるテーマだった。カミーノ前、カミーノ後の人生のビフォア・アフターで何か変わるのか？ それとも……？

私の答えは、**YES**だ。

カミーノを体験した後の私は、よりいっそう人生の流れを信じられるようになった。どんなことが起きても絶対大丈夫という安心感や信頼感をもって物事を捉えることができるし、人と関わることができる。その先の未来に素晴らしい成長や体験が待っていることも知っている。人生が丸っとリラックスしたような、それでいて堂々と、自分の好きなことややってみたいことに軽やかにチャレンジしている、とても清々しい感覚だ。

こんな風に物理的に体を使って頑張る体験と、道を先へ進むためのルートや時間を考える思考、その瞬間瞬間で「本当は自分はどうしたいのか？」という感情や体の感覚を感じる心、この三つが常に協力しあって進んでいくことで、自分の中のバランスが取れていく。心と体が一致して本来の自分に戻っていく流れができていたんだと思う。全てが自然と自己肯定感が上がるプロセスになっていた。

始まる前は、一体なにが起こるのか全く想像がつかなくて、怖さもあったけど……。一歩踏み出せばそこにはちゃんと道はあって、必要な助けも活路も完璧な方法で、完璧なタイミングでやってきた。

これって人生とまるっきり同じ!!自分が今、ここで、勇気を持って望む道へ踏み出すことで、必ず世界は答えてくれる。

カミーノは人生の縮図。

さまざまな大人の思考が湧く中で、ハートの声を聴くことでどんどんシンプルな子供心を思い出していく。

わたしたちはみんな無限の可能性を持ってこの地球へ生まれている。

そう、それは大人になっても変わらない。制限しているのは自分自身だった。

この世界は全て望みから生まれている。大切な人たちと、そして大切な私自身と、愛を大切に、本当に望む人生を歩もう。

自分の望む世界の中心へと戻ることができた。
カミーノは、いつだって本当の私を思い出させてくれる最高の人生の相棒だ！

ブエンカミーノ！

ゴールの最後に手にした番号が！
999 と 1000 番！

聖地サンティアゴ・デ・コンポステーラ！
晴天に迎えられてゴール！

# Epilogue

私は、このエッセイ本を書いている間に、ついに！50代という人生の新たなステージを迎えた。ただ、いつものように誕生日を迎えるのとは違って、自分の中でしっかりと誓いを交わし、清々しい気持ちで新しいスタートを切ることができたのは、紛れもなくカミーノを歩いた経験のおかげだと思っている。

神聖なカミーノを、五感が冴えるスピリットの感覚で歩く巡礼の旅。丁寧に自分と向き合い、いつも目の前にある自由を、「今」本当はどうしたい？その問いをなんども自分自身に投げかけ〝スピリット＝ハートの声を信じる力〟を磨いていくような時間でもあった。

なにも心配することなんてない、その道でいいんだよ。いつもどんな時も「絶対大丈夫！」そんな大きな力にずっと守られながら歩いた奇跡の道。

常に届いているハートからの声を、どんな時も流さず、信じて進む。そうすることで想像を超える奇跡が次々と用意される〝カミーノマジック〟。目に見えない世界を信じ信じないとかそんなレベルを超えて、いつもそばにはたくさんの存在が見守ってくれていた。

ハートの声に従うということは、今まで自分にどれだけ嘘をついていたのかに気づくことでもあった。正直に生きているつもりでも、まだまだ自分自身を騙していたことがたくさんあったのだ……。

心の感度を高めていくことで、内側からあふれるスピリットの声が本当は届いていたのに、聞かないふりをしてだましだまし過ごしていたことや、自分の人生において本当に大切なものは何か？を俯瞰し本物を見抜く力がついたことも大きな収穫だった。

カミーノは〝生まれ変わりの道〟といわれているけれど、旅から戻ると本当にまっさらな感覚に生まれ変わったように、いろいろなことがリセットされていた。これもカミーノマジックなのかはわからないけれど、日常生活の中で、当たり前だと思っていたこと、こうだと思い込んでいたこと、慣れ親しんだ環境や人間関係、さらには持ち物までもが、一新され、新しい道（カミーノ）が用意されていたのだ。

自分のハートが少しでもNo!と感じていること、もの、人、場所を手放すことも、自分の大切な心の感覚を守るために必要だということを改めて感じる旅になった。

この新しい道を、これからは、いつも、どの瞬間も、ハートからの声に耳を傾けて進んでいく。そうして、自分にウソのない力強い自分のＣＡＭＩＮＯ（人生）を歩んでいくと心に誓った。

じつは、このカミーノマジックは、旅が終わってからも続いている。それは、このエッセイを書くこともそうだし、相方かすみんとは、カミーノが終わってからのほうが、いろいろなことを共同創造することになっていて、お互いに驚きを隠せない。

突然の閃きから、心を整えるシリーズとして、新しいブランド『ＳＡＮＣＴＵＡＲＹ』を立ち上げることになったり、なんと！カミーノの香りを作ることにもなった。不思議な導きがずっと今も続いているのだ。

いちばん驚いたことは、カミーノデビューした翌年、ふたりしてまた、カミーノに挑戦したことだ。ゴールで誓ったことが現実になったのだから。前回と違ったことといえば、相方かすみんはスペインから、私は日本から、お互いバラバラに歩いたこと。

それぞれの巡礼を楽しんで、ゴールのサンティアゴ・デ・コンポステーラで再会を果たしたのだ。まさか、2年連続で自分が巡礼の旅をするなんて思ってもみなかったけれど、こうして道は完璧に用意されていた。

もしかすると来年も？また、現地で合流できるかしら？なんて、密かに期待しながらワクワクと日々過ごしている。その流れかどうかはわからないけれど、運動なんて大嫌いだった私が、体力づくりのため、毎週のピラティスにも通い始めた。いつでもかかってこい！とカミーノからの突然の招待状をドキドキしながら待っている。

カミーノでの気づきを心に、自分の人生にいいわけをせず、変化の流れに執着せず、いつも穏やかにご機嫌に、目の前に最高の人生をクリエイトしていきたい。

この本で、少しでもこんな生き方・考えがあるのかぁ、と、なにかのきっかけにしていただけると幸いです。

最後になりましたが、この本を刊行するにあたり、たくさんの方々のお力をお借りしこうして一冊の本が完成しました。年末ギリギリまで作業してくれたデザイナーの香には感謝してもしきれません。本当にありがとう！

そして、こんなにも素晴らしい奇跡の旅を、一緒に共同創造した魂の友かすみんに、心からの感謝を！ありがとう！

SPIRIT MESSAGE

自分に嘘のない人生を歩んでいく♡

Walking Distance 280km

BUEN CAMINO!

2度目のゴール達成！
雲ひとつない晴天に迎えられて

魂の友と行く
# 大人可愛いCAMINO

2025年1月11日　第1刷発行

著者　YUKA
発行　VOYAGE
発売　株式会社書肆侃侃房
〒810-0041　福岡市中央区大名2-8-18-501
TEL:092-735-2802　FAX:092-735-2792

写真・文　YUKA
デザイン　KAORU
コラム　市川 嘉澄
カリグラフィー　根岸 香津代　SHIHO
カバー写真　山内 城司（Voyage PHOTO & ATELIER SALON）
協力　サンティアゴ・デ・コンポステーラ大聖堂

印刷・製本　シナノ書籍印刷株式会社


ISBN978-4-86385-658-5 C0095